천국 즐겨찾기

A Place called Heaven
by E.M. Bounds

이 책은 한글성경 번역본으로 〈개역개정〉성경을 사용했습니다.
원문의 흐름과 뜻을 더 잘 살리는 경우에는 다른 한글 번역을 참조하였습니다.

이 책의 번역, 출판 및 판매에 관한 모든 권한은 〈도서출판 NCD〉에 있습니다.
출판사의 서면 허락없이 이 책의 내용을 일부라도 인용, 촬영, 녹음, 재편집, 전자문서 등으로 변환할 수 없습니다.

평생 기도와 하늘만을 추구하며 살았던
성자 이 엠 바운즈의 **천국 안내서**

E.M.바운즈의 천국 즐겨찾기
A Place called Heaven

E. M. 바운즈 지음 | 송용자 옮김

도서출판 NCD

차례

머리말

1. 보물을 하늘과 땅 사이에 나누어 놓지 말라
11

2. 천국은 하나님에게서 직접 받아 누리는 곳이다
35

3. 천국은 우리에게 상급으로 주어진다
65

4. 천국에선 영원히 하나님의 임재 안에 거한다
75

5. 성령은 우리를 천국과 결합시키신다
91

6. 자신이 천국 사람인지 이렇게 분별하라
101

A Place called Heaven

7. 거룩하지 않으면 결코 천국에 들어갈 수 없다

119

8. 천국은 우리가 주님을 얼마나 사랑하는가에 달려 있다

137

9. 냉랭한 가슴으로는 천국을 향해 나아갈 수 없다

149

10. 그리스도인은 천국의 법에 순종한다

169

11. 믿음의 시련을 통해 정결하고 온전해진다

183

12. 천국에서 다시 만날 날이 온다

201

머리말

1905년에 애틀랜타에서 목회를 하던 나는 조지아에 기도의 사람이 있다는 말을 들었다. 그는 교회가 영적으로 높은 고도에 이르도록 돕는 사람, 이엠 바운즈$^{E.\ M\ Bounds}$였다. 나는 그에게 편지를 보내 열흘 동안 우리 집회에 와서 설교를 해달라고 청했다.

우리는 그가 당당한 외모를 지녔을 것이라고 예상했지만 정작 그는 키가 170센티미터 정도밖에 되지 않는 작은 체구의 사람이었다. 그러나 우리가 생각하기에 그는 지난 백 년 동안 영적인 지평선 위에 나타났던 위대한 성도들 중 한 명 이었다.

바운즈는 집회 첫 날 오후에 기도에 관한 말씀을 전했다. 누구도 특별하게 깊은 인상이나 감동을 받은 것 같지 않았다. 그러나 다음 날 새벽 4시에 그는 지금까지 우리가 들어본 어떤 기도보다도 더욱 놀라운 기도를 드리고 있었다. 마치 하늘과 땅을 모두 흡수하고 품는 기도 같았다. 그의 설교는 온통 기도와 하늘에 대한 것들뿐이었다.

참석한 집회 기간 내내 그는 단 하루도 거르지 않고 새벽에 기도했다. 방을 함께 사용하고 있던 다른 참석자들의 항의와 반발에도 전혀 개의치 않았다. 곧히 잠자야 할 이른 시간에 그의 기도 소리로 인해 잠에서 깨야 했기 때문에 그렇게 반발했던 것이다. 그러나 잃어버린 영혼들과 타락한 사역자들을 향한 애타는 심정과 마음을 녹이는 간구에 있어서는 누구도 바운즈를 따를 수 없었다. 방에 있는 우리 모두를 위해 탄원할 때 수없이 많은 눈물이 그의 뺨을 타고 흘러내렸다. 오늘날 이 땅에 사는 사람들이 바운즈가 그때 드렸던 기도를 듣는다면 어느 누구나 마음이 열리고 회개할 생각을 갖게 될 것이다. 자신의 명분이 옳고 의롭다는 것이 확실하면, 그는 철저히 주도적이고 강력하게 나아가며 당당히 승리를 주장했다.

집회가 끝난 뒤에도 그런 바운즈를 통해 받은 인상이 너무도 커서 우리 마음속에는 늘 그가 살아 있었다. 그리고 그 기도에 대한 응답으로 하나님은 바운즈를 우리에게 보내셨다. 하나님은 최상의 것들, 즉 기도와 설교, 성경 연구라는 하나님의 일들에 나를 붙들어 매사 견고히 세우시도록 그렇게 하신 것이다.

바운즈는 8년이라는 소중한 세월 동안 기도와 설교 속에서 우리와 함께 하고 있다. 우리는 그가 어리석고 헛된 말을 하는 것을 단 한 번도 들어본 적이 없다. 그는 영적인 창공을 뚫고 날아오른 하나님의 강력한 독수리들 가운데 한 사람이었다.

호머 W. 핫지^{Homer W. Hodge}

한 사람이 골방에 갇혀 있었다.

그 방을 밝히는 등잔불은 그가 그 안에서 누릴 수 있는 유일한 즐거움이었다.

그래서 등잔불은 마치 그에게 우상처럼 소중한 것이 되어버렸다.

그러나 그 상황에서 그를 진정 행복한 사람으로 만들어주고 싶다면

당신은 먼저 바람을 불어 그 등잔불을 완전히 꺼버리는 일부터 해야 한다.

그런 다음 하늘의 빛이 들어오도록 창문을 열어 놓아야 한다.

사무엘 러더퍼드(Samuel Rutherford)

1. 보물을 하늘과 땅 사이에
나누어 놓지 말라

천국은 하나의 장소다

천국은 하나의 장소다. 천국은 상상력이 빚어낸 곳이 아니라 실제로 존재하는 나라^{realm}다. 천국은 공중에 떠서 돌아다니는 곳이 아니다. 얇은 공기층으로 이루어진 곳도 아니다. 천국은 실재하는 나라이며 신성한 집이다. 그곳은 우리 마음을 사로잡아 이끄는 곳이다. 그곳은 불안정하고 일시적인 순례의 상태가 아니라 고정되고 안정된 하나의 도성이다. 신적인 확신으로 우리는 이 사실을 확고히 주장한다.

천국이 하나의 장소라는 강력한 주장의 중심에는 예수께서 계신다. 인간의 모습을 입으신 예수님께는 그분을 위해 마련된 하나의 장소, 즉 높은 곳이 있었다.

> 그의 능력이 그리스도 안에서 역사하사 죽은 자들 가운데서 다시 살리시고 '하늘에서 자기의 오른편에 앉히사' 모든 통치와 권세와 능력과 주권과 이 세상뿐 아니라 오는 세상에 일컫는 모든 이름 위에 뛰어나게 하시고 또 만물을 그의 발 아래에 복종하게 하시고 그를 만물 위에 교회의 머리로 삼으셨느니라 교회는 그의 몸이니 만물 안에서 만물을 충만하게 하시는 이의 충만함이니라 (엡 1:20-23).

이 탁월함과 위엄은 높은 존귀로 가득한 어떤 장소, 즉 하늘나라에 있는 최상의, 가장 존귀한 왕의 자리를 가리킨다.

> 옛적에 선지자들을 통하여 여러 부분과 여러 모양으로 우리

조상들에게 말씀하신 하나님이 이 모든 날 마지막에는 아들을 통하여 우리에게 말씀하셨으니 이 아들을 만유의 상속자로 세우시고 또 그로 말미암아 모든 세계를 지으셨느니라 이는 하나님의 영광의 광채시요 그 본체의 형상이시라 그의 능력의 말씀으로 만물을 붙드시며 죄를 정결하게 하는 일을 하시고 '높은 곳에 계신 지극히 크신 이의 우편'에 앉으셨느니라 (히 1:1-3).

이 말씀들은 거할 곳이 많은 하나님나라에서 예수님이 거하시는 자리에 대해 말씀하고 있다. "그는 하늘에 오르사 '하나님 우편'에 계시니 천사들과 권세들과 능력들이 그에게 복종하느니라"(벧전 3:22).

이 말씀들은 그리스도가 받으실 높은 영광과 그분이 거하실 자리를 묘사한다. 그것은 하나의 장소를 그리고 있다. 예수님은 우리가 그분과 함께 있기를 원하신다. 우리가 그분의 영광을 보고 함께 나누기를 원하신다. 예수님은 한 장소에 거하시는데, 거기는 그분의 존재와 임재를 높이고 영화롭게 하는 곳이다.

우리의 처소를 예비하러 가신 주님

천국은 하나의 장소다. 그곳은 공기로 된 실체 없는 곳도 아니고 구체적인 위치가 없는 곳도 아니다. 예수님은 "내가 너희를 위하여 '거처' a place 를 예비하러 가노니"(요 14:2, 저자 강조)라고 말씀하셨다. 거처는 장소, 정해진 곳을 뜻한다. 천국은 하나님의 지도 위에 존재하는 경계를 가진 장소다.

예수님은 "내 아버지 집에 거할 곳이 많도다"(요 14:2)라고 선포하셨다. 거할 곳 많은 하나님의 집 가운데 한 곳이 제자들의 거처가 될 것이라고 하신 것이다. 제자들을 위해 예비된 거처가 있다는 말이다. 이제 곧 떠나신다는 예수님의 말씀으로 슬퍼하던 제자들에게 이것은 큰 위로가 되었다.

"너희를 위하여 거처를 예비하러 가노니." 바로 이것을 위해 그리스도가 떠나셨다. 그분의 목적과 계획에 대해 이 말씀만큼 단순하고 명확하며 완전히 솔직하게 제자들에게 계시하신 적도 드물 것이다. 실제로 그 말씀은 이런 뜻이었다.

"땅은 지금까지 우리가 함께 살아온 장소였다. 우리는 이제 이곳에서는 더 이상 함께 살 수 없다. 하나님에게는 다른 많은 처소가 있다. 나는 너희를 위해 이 처소들을 예비하러 간다. 처소를 예비하는 일이 끝나면 내가 다시 와서 너희를 그곳으로 데려갈 것이다. 그때 우리는 영으로 뿐만 아니라 실제로 처소에서 함께 있게 될 것이다. '나 있는 곳에 너희도 있게 하리라'(3)."

예수님이 사용하신 "거처를 예비한다"는 표현은 그분이 필요한 모든 것을 준비하신다는 의미다. 그것은 왕이 지나갈 수 있도록 미리 왕 앞에 사람들을 보내 길을 평평하게 고르는 동방의 관습에서 가져온 표현이다. 예수님은 우리를 위해 천국을 예비하러 가신 우리의 선구자시다.

성경에서 천국은 땅과 대조적인 장소로 묘사된다. 땅도 하나의 장소다. 그러나 땅은 불안정하고 안전하지 못하며 잠깐 동안만 존재하는 일시적인 곳이다. 반면 천국은 안정되어 있고 안전하며 영원하다. "우리가 여기에는 영구한 도성이 없으므로 장차 올 것을 찾나니"(히 13:14).

땅과 하늘의 이러한 대조는 참으로 놀랍다! 땅은 단지 순례자가 머무는 곳이며, 거니는 여정이자 순례자의 장막일 뿐이다. 그러나 하늘은 하나님이 계획하고 지으신 영원한 도성이다(히 11:8-10). 그 도성의 기초는 하나님의 보좌

만큼이나 견고하고 안정되어 있다.

이 땅에서 천국을 예표하는 것은 바로 예비된 장소, 가나안이었다. 이스라엘 백성들은 가나안 땅에서 길을 개척하고 도시를 건설하며 집을 지을 필요가 없었다. 그들을 위한 집과 도시들이 이미 그곳에 세워져 있었기 때문이다. 그들은 단지 가나안 땅으로 들어가서 소유하고 누리는 것 외에는 다른 할 일이 없었다.

그러나 가나안이 천국에 대한 희미한 예표였듯이 가나안에서의 예비 역시 단지 천국에서 우리를 위해 이루어질 예비를 희미하게 나타낼 뿐이다. 가나안은 인간의 손으로 지은 곳이지만 천국은 하나님이 친히 지으신 곳이다. 천국의 처소들은 손으로 지은 곳이 아니며, 하늘들에 영원히 서 있다.

천국은 우리가 구해야 할 '유업'이다

베드로는 천국을 찾고 구해야 할 하나의 장소, 유업으로 보았다. 또한 우리 앞에서 기다리고 있는 소유물로 보았다. 베드로는 천국에 대한 영광스런 환상으로 환희에 사로잡혔다.

우리 주 예수 그리스도의 아버지 하나님을 찬송하리로다 그의 많으신 긍휼대로 예수 그리스도를 죽은 자 가운데서 부활하게 하심으로 말미암아 우리를 거듭나게 하사 산 소망이 있게 하시며 썩지 않고 더럽지 않고 쇠하지 아니하는 유업을 잇게 하시나니 곧 너희를 위하여 하늘에 간직하신 것이라 너희는 말세에 나타내기로 예비하신 구원을 얻기 위하여 믿음으로 말미암아 하나님의 능력으로 보호하심을 받았느니라 (벧전 1:3-5).

천국은 위치와 실체가 없는 어떤 상태가 아니다. 천국은 정확한 위치와 명확한 이름이 있는, 구체적으로 묘사할 수 있는 곳이다.

요한은 위치가 있는 천국에 대한 그림을 품고 있었다. 그것은 마음을 사로잡고 위로와 힘을 주기 위해 하나님이 보여주신 그림이었다.

이 일 후에 내가 보니 각 나라와 족속과 백성과 방언에서 아무도 능히 셀 수 없는 큰 무리가 나와 흰 옷을 입고 손에 종려 가지를 들고 보좌 앞과 어린 양 앞에 서서 큰 소리로 외쳐 이르되 구원하심이 보좌에 앉으신 우리 하나님과 어린 양에게 있도다 하니 모든 천사가 보좌와 장로들과 네 생물의 주위에 서 있다가 보좌 앞에 엎드려 얼굴을 대고 하나님께 경배하여 이르되 아멘 찬송과 영광과 지혜와 감사와 존귀와 권능과 힘이 우리 하나님께 세세토록 있을지어다 아멘 하더라 장로 중 하나가 응답하여 나에게 이르되 이 흰 옷 입은 자들이 누구며 또 어디서 왔느냐 내가 말하기를 내 주여 당신이 아시나이다 하니 그가 나에게 이르되 이는 큰 환난에서 나오는 자들인데 어린 양의 피에 그 옷을 씻어 희게 하였느니라 그러므로 그들이 하나님의 보좌 앞에 있고 또 그의 성전에서 밤낮 하나님을 섬기매 보좌에 앉으신 이가 그들 위에 장막을 치시리니 그들이 다시는 주리지도 아니하며 목마르지도 아니하고 해나 아무 뜨거운 기운에 상하지도 아니하리니 이는 보좌 가운데에 계신 어린 양이 그들의 목자가 되사 생명수 샘으로 인도하시고 하나님께서 그들의 눈에서 모든 눈물을 씻어 주실 것임이라 (계 7:9-17).

"오늘 네가 나와 함께 낙원에 있으리라"(눅 23:43). 이 말씀은 죽어가는 강도의 기도에 대한 예수님의 응답이었다. "문들을 통하여 성에 들어[간다]"(계 22:14)는 표현은 천국이 하나의 장소임을 보여준다. "몸을 떠나 주와 함께 있는 그것"(고후 5:8)이라는 표현 역시 천국이 하나의 장소임을 드러낸다. 엘리야와 에녹은 살아 있는 동안 하나님과 함께 있기 위해 이 세상을 떠났다(왕하 2:11, 창 5:24 참조).

성도들의 미래는 영혼과 몸이 진짜인 것처럼 확실히 정해져 있고 경계가 뚜렷하며 현실적이다. 영화롭게 된 자들은 순례자도, 잠시 방문하는 손님도, 임대인도 아니다. 오히려 그곳에 터를 잡고 영원히 살아가며, 보호를 받게 될 것이다. 그분이 서명하고 인을 치시며 확실히 기록해 놓은 영원한 행위를 통해 그곳은 이미 확정되었다.

천국에는 임차인이나 세입자가 없다. 모두에게는 자신의 소유로 된 거처가 주어진다. 그 소유권을 보증하기 위한 천국의 특별 권리증서가 발급될 것이다. 사실 천국은 우리가 그곳에 가기 전에 이미 우리의 소유다. 천국은 우리를 위해 준비되고 보호 받고 있다. 천국에 있는 우리 처소에는 소유자인 우리의 이름이 새겨져 보석으로 박혀 있다.

손으로 짓지 않은 집이 우리 집으로 주어진다

천국은 집이다. "하나님께서 지으신 집 곧 손으로 지은 것이 아니요 하늘에 있는 영원한 집"(고후 5:1)이다. 이 말씀에서 사도 바울은 약하고 일시적인 이 땅의 장막과 하늘에 있는 영원한 집을 대조시킨다. 사도는 다음과 같이 말했다. "만일 땅에 있는 우리의 장막집이 무너지면 하나님께서 지으신 집 곧 손으로 지은 것이 아니요 하늘에 있는 영원한 집이 우리에게 있는 줄 아느니라"(1).

이 땅 위의 집은 아무리 아름답고 비싸며 길게 유지된다 해도 땅의 것들로 지어졌기 때문에 부패할 수밖에 없다. 이미 기초를 세울 때부터 언젠가는 수명이 다할 것이라는 증거들을 곳곳에서 찾아볼 수 있다.

하지만 하늘의 집들은 하나님이 지으신 것으로, 그 집을 지으신 분처럼 영원하고 부패하지 않는다. 부활 뒤에 우리 몸은 그리스도의 영광스런 몸의 형상을 따라 변화될 것이다. 그러한 변화는 우리 몸을 순전케 하고 영적인 것으로 만들 것이다. 그러나 그때에도 우리 몸은 지금과 마찬가지로 여전히 거할 처소가 필요하다.

하늘의 집이 어떤 집이겠는가! 그 집들은 하늘의 거민들이 사용하고 누리기에 합당한 곳일 것이다. 그 집들은 그것을 지으신 하나님께 합당한 곳이다. 그 집이 나타내는, 말로 표현할 수 없는 아름다움과 장엄함, 웅장함을 통해 하나님에게 존귀와 영광을 올려 드릴 것이다. 바울이 말하는 '집'이라는 단어가 무엇을 의미하든ー이것은 우리 영혼이 거할 처소인 영광스런 '몸'을 뜻할 수도 있고, 혹은 우리와는 구별된 영광스런 외적 구조물이 될 수도 있다ー 분명한 것은 하나님은 우리 영혼을 위해, 혹은 불멸하는 몸과 영혼을 위해 하나님이 그 집을 지으신다는 사실이다. 그 안에서 우리가 거하게 될 것이다. 그 집은 영원토록 아름다움과 기쁨이 넘치는 집이다. 아멘!

고린도후서에서 바울은 다시 천국이 얼마나 확실하며 안전한 곳인지를 전한다. "그러므로 우리가 항상 담대하여 몸으로 있을 때에는 주와 따로 있는 줄을 아노니"(고후 5:6). 바울은 사로잡혀서 셋째 하늘 즉 낙원에 이끌려 올라갔던 사람이다. 고린도후서 12장과 다른 장에 나오는 말씀들은 그곳을 하나의 장소로 표현한다. 나사로는 천사들에게 받들려 아브라함의 품에 들어갔다(눅 16:22 참조).

성경에서는 천국을 당연히 어떤 장소로 여긴다. 우리의 지상 거주지처럼 일시적이고 덧없는 이 땅과는 대조적으로, 견고하고 영원하며 마음을 사로잡는 곳이다. 요한계시록이 천국을 구성하고 있는 물질적인 측면에 대해 정확히 묘사했다고 인정한다면, 거기 나온 천국은 진정 무엇에도 비교할 수 없는, 더 없이 아름다운 곳임을 알 수 있다. "썩지 않고 더럽지 않고 쇠하지 아니하는"(벧전 1:4) 아름다움을 지닌 곳이다.

최초의 순교자 스데반은 믿음과 성령으로 충만한 사람이었다. 잔혹한 살기로 가득 찬 죽음의 위협과 광포로 가득한 군중 앞에서 스데반은 천국을 보았고 그 평온함을 경험했다.

> 스데반이 성령 충만하여 하늘을 우러러 주목하여 하나님의 영광과 및 예수께서 하나님 우편에 서신 것을 보고 말하되

보라 하늘이 열리고 인자가 하나님 우편에 서신 것을 보노라 한대 그들이 큰 소리를 지르며 귀를 막고 일제히 그에게 달려들어 성 밖으로 내치고 돌로 칠새 증인들이 옷을 벗어 사울이라 하는 청년의 발 앞에 두니라 그들이 돌로 스데반을 치니 스데반이 부르짖어 이르되 주 예수여 내 영혼을 받으시옵소서 하고 무릎을 꿇고 크게 불러 이르되 주여 이 죄를 그들에게 돌리지 마옵소서 이 말을 하고 자니라 (행 7:55-60).

이 땅에서 천국을 위해 살다가신 예수님

예수님은 자신이 "하늘에서 내려왔다"(요 6:42)고 선포하셨다. 우리는 예수님에게 천국에 대한 많은 것을 배울 수 있다. 그분은 거기서 오셨고, 천국을 위해 고난 받으셨다. 그분은 비록 이 땅에 발을 디뎠지만 천국 안에서 사시다가 다시 그곳으로 돌아가셨다. 그분은 천국에서 나셨고 천국에서 사셨으며 천국의 공기를 호흡하셨다. 또한 천국의 언어를 말씀하셨고 천국을 갈망하셨다. 그런 예수님이 천국에 대해 많은 것을 말씀하지 않는다면 그야말로 이상한 일일 테다.

예수님은 친근한 언어를 사용해 천국이 하나의 장소라는 것을 끊임없이 강조하셨다. 니고데모와의 대화에서는 땅과 하늘이라는 두 장소를 대조하여 말씀하셨다.

> 내가 땅의 일을 말하여도 너희가 믿지 아니하거든 하물며 하늘의 일을 말하면 어떻게 믿겠느냐 하늘에서 내려온 자 곧 인자 외에는 하늘에 올라간 자가 없느니라 (요 3:12-13).

우리는 그분의 입술에서 천국에 대해 많은 것을 듣는다. 예수님은 팔복을 이렇게 시작하셨다. "심령이 가난한 자는 복이 있나니 천국이 그들의 것임이요"(마 5:3).

산상수훈 역시 천국에 대한 말씀으로 시작하셨다. 예수님은 우리의 빛을 사람들 앞에 비취게 해서 그들로 우리의 착한 행실을 보고 하늘에 계신 우리 아버지께 영광을 돌리게 하라고 가르치셨다. 또한 우리의 의가 서기관과 바리새인보다 낫지 못하면 결코 천국에 들어가지 못할 것이라고 말씀하셨다(마 5:16, 20). 예수님은 그분의 신적인 사역과 경이로운 사명을 시작하시며 천국을 받아들이고 그것을 깨닫도록 하셨다. 예수님의 첫 번째 설교에는 천국의 원리들로 가득했다. "회개하라. 천국이 가까왔느니라"(마 4:17).

제자들을 처음 부르실 때 예수님은 천국이 얼마나 중요하고 위안을 주며 소망이 넘치는 곳인지를 강조하면서, 그 부르심을 격려하고 소명과 천국을 연결시키셨다. 천국은 예수님의 세계the system of Jesus를 이루는 근간이며, 그 으뜸되는 생각이자, 가장 빛나는 소망이요, 강력한 믿음에 해당된다. 예수님은 제자들에게 그들의 하나님 아버지가 하늘에 계시다고 말씀하셨다. 천국은 하나님이 거하시기 합당한 장소라는 말씀이다. 그리고 그들은 천국에서 하나님 아버지의 영광을 나타낼 것이었다.

공생애의 끝이 다가올수록 예수 그리스도는 중요한 것들에 관심을 집중시키셨다. 예수님은 제자들에게 하나님나라의 일들을 맡기셔야 했다. 그리고 천국이야말로 그 일들 가운데 가장 중요했다. 그들은 항상 눈과 마음으로 천국을 간직하고 볼 수 있어야 했다. 제자들의 깊은 영적인 삶과 거룩함, 그들이 그리스도 안에 거하고 있다는 의식이야말로 핵심이었다. 그리스도는 마지막으로 남기신 거룩한 말씀에서 그리스도와 연합된 생명$^{Christ\text{-}life}$, 그리고 그리스도처럼 되는 것이 얼마나 중요한지를 말씀하셨다.

예수님은 자신의 처음 설교에서 하늘 왕국의 팔복에 관해 말씀하셨다. 그리고 팔복의 고갱이는 바로 "마음이 청결한 자는 복이 있나니 그들이 하나님을 볼 것임이요"(마 5:8)라는 말씀에 있다. 즉 그것은 하나님을 보고 알고 사랑하는 것인데, 오직 천국에서 그것을 완전히 누리게 될 것이다. 하나님을 보는 것이란, 만물 안에서 그분을 뵙고, 눈앞을 흐리게 하고 마음 아프게 하는 모든 일에 대해 흘리는 눈물 속에서 그분을 목격하는 것이다. 그것이야말로 이 땅에서 천국이 시작되었음을 보여준다. "우리가 지금은 거울로 보는 것 같이 희미하나 그 때에는 얼굴과 얼굴을 대하여 볼 것이요 지금은 내가 부분적으로 아나 그 때에는 주께서 나를 아신 것 같이 내가 온전히 알리라"(고전 13:12).

제자는 천국을 바라보며 살아간다

주님은 우리에게 하나님의 자녀가 어떤 존재이며 그 특징이 무엇인지 알려주셨다. 그리고 그러한 하나님의 자녀가 받을 유업이 무엇인지 보이신다. "자녀이면 또한 상속자 곧 하나님의 상속자요"(롬 8:17). "화평케 하는 자는 복이 있나니 그들이 하나님의 아들이라 일컬음을 받을 것임이요"(마 5:9). 그 다음에는 이런 복이 나온다. "의를 위하여 박해를 받은 자는 복이 있나니 천국이 그들의 것임이라"(마 5:10). 그리고 마지막으로 언급하는 복은 이와 같다.

> 나로 말미암아 너희를 욕하고 박해하고 거짓으로 너희를 거슬러 모든 악한 말을 할 때에는 너희에게 복이 있나니 기뻐하고 즐거워하라 하늘에서 너희의 상이 큼이라 너희 전에 있던 선지자들도 이같이 박해하였느니라 (마 5:11-12).

그리스도를 따르는 자들의 의는 서기관과 바리새인의 의를 초월해야 한다. 그렇지 않으면 하늘의 영광을 소유하지 못할 것이다. 진부하고 값싼 경건함은 천국을 끌어올 수 없다. 예수님의 가르침 속에서 천국은 하나님의 보좌이고 땅은 하나님의 발등상이다. 보좌는 그 영광과 품격, 그리고 원재료에 있어 모든 것을 능가한다. 보좌가 모든 것을 발등

상으로 삼듯이 천국은 이 땅을 능가한다.

그리스도는 하나님 아버지가 계신 천국이 구체적으로 정의되고 위치가 있는 장소라는 사실을 제자들이 마음속에 간직하길 원하셨다. 제자들은 하나님의 자녀이며 하나님을 닮게 될 것을 기억하길 원하셨다. 하나님의 성품을 함께 나누고 그분의 행위를 닮으며 그분의 천국을 함께 향유하게 될 것을 기억하길 원하셨다.

예수님은 우리의 의무들을 말씀하실 때도 하나님 아버지의 집인 천국을 강조하시며 운을 떼신다. 긍휼을 베푸는 행위와 기도, 금식의 의미와 당위성은 "하늘에 계신 우리 아버지"(마 6:9)에게서 나온다.

보물을 하늘과 땅 사이에 나누어 놓지 말라

천국은 하나님이 거하시는 집일 뿐 아니라 땅이 본으로 삼아야 할 곳이기도 하다. 땅은 천국을 바라보아야 한다. 하나님의 뜻에 대한 절대적인 순종에서 비롯된 천국의 조화와 아름다움, 그 황홀함을 바라야 한다. 그리고 천국을 닮아가는 법을 배워야 한다.

예수님은 우리를 위해 천국이라는 장소를, 그 존재와 질서, 아름다움을 영원히 지키신다. 예수님은 하나님 아버지의 집 둘레를 그분의 임재로 장식하시며 이같이 말씀하신다. "하나님을 닮으라. 그분이 너희 아버지다. 자녀들아, 너희의 하나님 아버지를 닮아가라. 천국은 그분이 거하시는 집이다. 그러므로 너희가 거하는 곳을 그분이 거하시는 천국처럼 만들라."

예수님은 땅이 안전하지 않다고 말씀하신다. 이 세상에는 도적들이 있다. 세상에서는 보물을 잃어버린다. 세상에는 좀 벌레가 있다. 최고로 고운 비단과 가장 값비싼 옷도 좀 벌레가 먹는다. 세상에는 녹이 있다. 가장 귀하고 화려한 보석도, 순수한 정금도, 가장 값비싼 금속도 모두 녹이 슨다.

땅이 장소인 것처럼 천국도 하나의 장소다. 그러나 천국은 절대적으로 안전한 장소다. 그곳에는 도적이 없다. 천국의 들판이나 성에는 어떤 도둑질도 일어나지 않는다. 그곳에는 좀 벌레도 없다. 좀 벌레가 천국의 흠 없는 옷을 해하는 일은 결코 일어나지 않는다. 천국의 보석과 금속들은 결코 녹슬지 않는다. 모든 것이 순전하고 빛과 윤이 나며 영원히 안전하다(마 6:19, 20 참조). 우리의 안전을 지키고 순종에 이르게 하는 데에 이 얼마나 확실하고 절대적인 명령인지!

> 오직 너희를 위하여 보물을 하늘에 쌓아 두라 거기는 좀이나 동록이 해하지 못하며 도둑이 구멍을 뚫지도 못하고 도둑질도 못하느니라 네 보물 있는 그 곳에는 네 마음도 있느니라 눈은 몸의 등불이니 그러므로 네 눈이 성하면 온 몸이 밝을 것이요 눈이 나쁘면 온 몸이 어두울 것이니 그러므로 네게 있는 빛이 어두우면 그 어둠이 얼마나 더하겠느냐 (마 6:20-23).

우리의 거룩한 스승이신 주님이 얼마나 천국을 강조하셨는지 모른다! 예수님은 우리 마음이 천국에 있기를 바라셨다. 마음이 곧 영혼^{soul}이고 존재이자 인간 자신이다. 천국만이 안전하다. 그러므로 오직 천국에만 당신의 가치를 두라. 당신 마음을 오직 거기에 두라. 그곳에선 마음에서 눈물이 흘러넘칠 일이 결코 없고, 마음을 깨뜨릴 슬픔도,

마음을 고통스럽게 할 손실도 없다. 우리가 하늘에 마음을 둔다면 즐겁고 온전하며 기쁨에 넘칠 것이라고 주님은 말씀하신다. 보물을 하늘에 쌓아 두라고 말씀하셨다. 그러면 모든 것이 빛나고 명확하며 구름 한 점 없이 맑을 것이다. 당신의 보물을 하늘과 땅 사이에 나누어 놓지 말라. 그렇게 하면 당신의 마음 안에서 빛이 혼탁하게 섞일 뿐더러, 그 안에서 잃어버린 빛만큼 더 어두워질 것이다. 보물을 하늘과 땅 사이에 나누어 놓지 말라고 예수님은 분명하게 말씀하신다.

> 한 사람이 두 주인을 섬기지 못할 것이니 혹 이를 미워하고 저를 사랑하거나 혹 이를 중히 여기고 저를 경히 여김이라 너희가 하나님과 재물을 겸하여 섬기지 못하느니라 (마 6:24).

먹을 것과 입을 것에 대한 염려와 장차 일어날 일에 대한 두려움은 많은 영혼을 지배하며 두려움을 낳고 믿음을 송두리째 흔들어 놓았다. 예수 그리스도는 이런 염려들의 원인이 하늘에 계신 하나님 아버지에 대한 불신 때문임을 보여주신다. 오직 천국을 온전히 추구할 때만이 그 불신을 말 끔히 치료할 수 있다. 땅에 속한 일상의 여러 필요들이 우리 마음을 빼앗고 당황스럽게 할 때는 이 말씀에 순종할 수 없다. "그런즉 너희는 먼저 그의 나라와 그의 의를 구하라. 그리하면 이 모든 것을 너희에게 더하시리라"(마 6:33).

예수님은 "너희 하늘 아버지께서 이 모든 것이 너희에게 있어야 할 줄을 아신다"(마 6:32)는 말씀으로 하나님 아버지의 능력과 관심이 언제나 우리와 연결되어 있음을 강조하신다. 그렇게 하여 우리의 염려를 잠잠케 하신다.

예수님과 우리가 함께 거할 천국에 대한 소망을 통해 그분은 우리 마음에 평안을 주시고, 그곳을 추구하도록 도우신다. 예수님은 천국이 실재하는 곳이고 아버지 집이라는 사실을 잘 아셨다.

> 다른 사람들은 아래 세상의 집을 추구하게 하라.
> 그런 집은 불이 삼키고 파도가 덮어버릴 뿐이니.
> 나의 집은 더 복된 곳이라.
> 보좌 가까이 하늘의 집을 소유하게 된다네.

그때 땅은 사라지고 별들이 하늘에서 떨어지리니

해와 달은 빛을 잃어버리네.

온 자연이 무너지고 사라져 버리나

하늘의 집은 영원히 나를 위해 서 있으리.

_윌리엄 헌터

이 세상에서 우리 영혼에 정확히 들어맞는 만족을 찾고 누릴 수 있다면

천국은 천국이 아닐 것이다.

하나님이 그 자녀들을 위해 무엇을 예비하고 계신지를

곰곰이 생각한다면 하나님의 자녀들은 과연 슬퍼할 겨를이 있을까?

나는 오직 천국 외에는 값을 지불하고 살 만한 가치 있는 것을 알지 못한다.

사무엘 러더퍼드

2. 천국은 하나님에게서 직접 받아 누리는 곳이다

천국은 하나님에게서 직접 받는 곳이다

천국이라는 도성은 하늘에서 잉태된, 하나님이 낳으신 곳이다. 하늘의 거푸집에서 하늘의 공기로 하나님이 빚고 지으신 도성이다. 천국의 삶은 하나님에게서 직접 나오는 것으로, 이 땅의 것이 아닌 천국의 재료로 이루어질 것이다. 이 땅의 많은 것은 특정한 목적과 정하심을 통해, 주님으로부터 직간접적으로 주어져 지상에서의 삶을 빚어간다.

그러나 우리가 천국에서 살아가게 될 삶은 '직접적이고

포괄적으로' 하나님에게서 나올 것이다. 하늘의 공기와 조건이 그 삶을 형성할 것이다. 땅에서의 삶이 완전히 잊혀지진 않지만 이전 것들을 거의 기억하지 못할 정도가 된다. 더 이상 옛 것들을 생각하지 않게 될 것이다. 현재의 장엄한 위엄과 늘 새롭고 확장되는 영광이 옛 것들을 밀어내고 제압할 것이다. 땅은 너무나 작고 보잘것없게 느껴질 것이다. 땅에서 누렸던 가장 신성한 관계와 가장 커다란 기쁨을 주었던 것들이 천국에서는 마음속에 들어올 수도 없을 만큼 너무나 빈약하고 보잘것없어질 것이다.

또 내가 새 하늘과 새 땅을 보니 처음 하늘과 처음 땅이 없어졌고 바다도 다시 있지 않더라 또 내가 보매 거룩한 성 새 예루살렘이 하나님께로부터 하늘에서 내려오니 그 준비한 것이 신부가 남편을 위하여 단장한 것 같더라 내가 들으니 보좌에서 큰 음성이 나서 이르되 보라 하나님의 장막이 사람들과 함께 있으매 하나님이 그들과 함께 계시리니 그들은 하나님의 백성이 되고 하나님은 친히 그들과 함께 계셔서 모든 눈물을 그 눈에서 닦아 주시니 다시는 사망이 없고 애통하는 것이나 곡하는 것이나 아픈 것이 다시 있지 아니하리니 처음 것들이 다 지나갔음이러라 보좌에 앉으신 이가 이르시되 보라 내가 만물을 새롭게 하노라 하시고 또 이르시되 이 말은 신실하고 참되니 기록하라 하시고 (계 21:1-5).

변화된 생각과 기억, 정결하게 된 사고와 사랑, 정오의 해처럼 찬란히 빛나는 변화된 몸은 완전한 모습이 되어 하나님 앞에 선다. 하늘과 땅도 모두 변화되며, 그것이 성도들의 영원한 유업이 될 것이다.

하나님의 능력과 영광이 모든 것을 새롭게 만든다. 신랑을 위해 단장한 신부, 혼인을 올리는 시간, 신부의 옷은 모두 잔치 날에 벌어질 하늘과 땅의 혼인을 상징한다. 천국의 밀월의 때에는 완벽한 아름다움, 완벽한 맛, 완벽한 기쁨을 맛볼 것이다.

천국의 진리만큼 인간에게 필요한 것은 세상에 없다

장막은 하나님이 거하시고 모세에게 친히 모습을 나타내주신 장소다. 하나님은 본질적이고 직접적으로, 이 세상에서 인간과 함께했던 방식이 아닌 전혀 새로운 방식으로 천국에서 인간에게 임하시고 함께하실 것이다. 인간은 어떤 매개체의 도움도 받지 않고 하나님에게서 직접 나오는 그분의 영광과 축복을 누리게 될 것이다.

> 성 안에서 내가 성전을 보지 못하였으니 이는 주 하나님 곧 전능하신 이와 및 어린 양이 그 성전이심이라 그 성은 해나 달의 비침이 쓸 데 없으니 이는 하나님의 영광이 비치고 어린 양이 그 등불이 되심이라 (계 21:22-23).

성경은 또한 다음과 같이 말한다. "다시 밤이 없겠고 등불과 햇빛이 쓸 데 없으니 이는 주 하나님이 그들에게 비치심이라. 그들이 세세토록 왕 노릇 하리로다"(계 22:5). 이 세상에서 우리는 이런 말씀을 온전히 이해할 수가 없다. 하나님이 이 세상에서 우리에게 역사하실 때는 이런 등불이나 햇빛과 같은 매개체를 사용하기도 하신다. 그러나 천국의 높은 삶 속에서는 더 이상 이런 매개체들을 통해 하나님을 만나지 않아도 된다.

오히려 우리는 하나님을 얼굴과 얼굴을 맞대고 바라볼 것이다. 천국에는 성전도, 화려한 예배도, 빛을 비춰줄 찬란한 해도 없으며, 대신 수천 개의 해보다 더 찬란한 하나님의 영광이 우리를 비출 것이다. 그리고 어린양에게서 나오는 부드럽고 달콤한 광채가 어둠과 암울함, 슬픔을 쫓아 버리며 온 땅에 빛을 발할 것이다. "거기에는 밤이 없음이라"(계 21:25). 성경은 그것이 확실하다는 것을 보여주기 위해 다시 선언한다. "다시 밤이 없겠고 등불과 햇빛이 쓸 데 없으니"(계 22:5).

천국에서는 눈물 흘리는 일이 결코 없다. 하나님이 우리 눈에서 모든 눈물을 닦아 주실 것이기 때문이다. "다시는 사망이 없고 애통하는 것이나 곡하는 것이나 아픈 것이 다시 있지 아니하리니"(계 21:4). 얼마나 달라진 세상인가! 그런 세상을 감히 상상이나 할 수 있겠는가! 눈물은 이 세상이 남긴 슬픈 유산이다. 슬픔과 고통은 여기저기 수도 없이 흘러나와 이 땅의 슬픔을 넓고 깊고 어둡게 후벼판다. 가장 달콤한 날 안에도 커다란 슬픔이 숨어 있다. 우리의 기쁨 속에서도 비통함이 기어나온다. 죽음이 지배하는 듯

보인다.

그러나 그런 모든 것이 변화될 것이다. 고통과 슬픔을 주는 것은 천국에 단 하나도 들어오지 못하게 영원히 가로막힌다. 하나님은 영원히 문을 닫아버리실 것이다. 눈물로 흐릿하지 않은 눈은 얼마나 밝겠는가! 우리의 영혼과 몸은 얼마나 강하고 자유로울까! 고통은 우리와는 완전히 그리고 영원히 남남이 될 것이다! 우리 마음에는 슬픔과 의심구름이 전혀 없으며, 밝고 기쁨으로 넘쳐날 것이다! 부패함이 전혀 손댈 수 없고 죽음의 그림자가 결코 가릴 수 없는, 최고의 풍성함과 광대한 생명력으로 충만한 삶을 떠올려보라! 천국은 바로 그런 곳이다!

그곳에서는 모든 것이 새롭게 될 것이다. 세월의 흔적도, 비천하고 품위 없는 것들도 모두 새롭게 되고 고쳐진다. 오래되고 낡은 것이 전혀 없을 것이다. 모든 것이 완전히 새로울 것이다. 천국에서는 새로운 세상, 새로운 삶, 새로운 생명, 새로운 역사, 새로운 환경, 새로운 조건, 새로운 일, 새로운 인생만이 있을 것이다.

세상의 어떠한 꿈이나 그림, 시와 소설, 음악도 이 새로운 세상과 그곳에서의 경이로운 삶, 그 곡조와 매력에 대해 희미하게도 표현해내지 못했다. 천국에서 사는 것은 말로 표현할 수 없는 황홀함과 환희다. 그리고 그 황홀함의 절정은 바로 이 구절에 표현되어 있다. "이기는 자는 이것들을 상속으로 받으리라 나는 그의 하나님이 되고 그는 내 아들이 되리라"(계 21:7). 이것은 천사들을 경이롭게 하는 엄청난 광경이다.

예표와 그림자, 계명과 약속, 신구약은 모두 죽음 이후에 성도들이 받을 유업을 나타내는 징표요 인이다. 천국의 진리와 교리만큼 인간에게 필요한 것은 세상에 없다. 그만큼 하나님의 성품에 부합하는 것도 없고 하나님의 영광에 본질적으로 가까운 것도 없다. 영원토록 흠 없는 순전함과 진정한 복으로 가득한 천국에 대한 진리야말로 인간이 살아가는 힘이자, 하나님을 영화롭게 하는 가르침이다. 이러한 천국의 존재와 비길 데 없는 완벽함은 예수 그리스도의 강림과 그 위격, 그리고 사역에 기초를 두고 있다. 그분이 천국을 만드셨고 천국으로 가는 길이 되시기 때문이다.

천국은 하나님이 직접 지으신 위대한 도시

천국은 이 세상 너머, 다른 세상에 위치해 있다. 그 문으로 들어가 복된 땅을 소유하고 누리기 위해서는 먼저 그 경계선인 죽음을 건너야 한다. 성경에는 말씀과 예표, 그림, 사실들을 통해 천국을 선포하는 곳이 많다.

천국에 대한 지식과 본질을 전하는 다양한 비유 중에 도시 비유는 매우 인상적이다. 천국은 생명의 도시다. 죽음의 손길이나 한기를 결코 느낀 적이 없는 생명으로 충만한 곳이다. 천국에는 무덤이 없다. 공동묘지나 묘비, 관 같은 것들은 알려진 바 없다. 천국은 생명의 도시다. 위엄과 영광으로 가득한 생명의 도시다. 눈물도 모르고 슬픔도 느끼지 않으며 결코 썩지 않는 생명으로 가득한 도시다.

또한 천국은 연합과 친밀함의 장소다. 땅은 부조화로 인해 산산조각 나 있다. 분리가 땅의 법칙이다. 그러나 천국에는 거리가 존재하지 않는다. 천국은 "사랑하시는 성"(계 20:9)이라 불린다. 사랑이 천국의 중심에 위치해 있고 갈망이 쉬지 않고 강력하게 그곳을 향해 흐른다. 하늘의 사랑을 받은 이 땅의 성도들은 하나님의 집을 향해 발걸음을 향하면서, 마음속 가장 깊은 사랑을 천국에 두었다. 천사들은 가장 온유한 사랑으로 천국을 지키고 있다. 그곳에는 친구들이 있다. 그 도시에서 순례자들은 자기 집을 발견했다. 이 땅의 순례자들은 하나님이 사랑하시는 성에서 감미로운 안식을 취하고 자기 집을 발견한 후에는 어느 누구도 거기서 나오려 하지 않는다. 그곳에서 사랑이 그들을 붙잡고 있기 때문이다.

이 도성을 만들고 세우신 분이 바로 하나님이다. 하나님이 천국 설계도를 그리고 땅을 팠으며 기초를 놓으셨다. 하나님이 천국을 조성하고 완성시키셨다. 그리고 그분이 천국에 거하신다. 그곳에 있는 모든 생명은 하나님에게서 직접 나온다. 충만함과 생명력, 밝음으로 가득한 생명이 모두 하나님에게서 나온다. 하나님이 바로 천국의 생명이시다.

하나님은 건축가이자 건설가시다. 비할 데 없는 천사장의 취향과 천재성도 이 영광스런 도성을 설계하는 데에는 하나도 기여하지 못했다. 하나님의 지혜와 기술, 흠 없고 탁월한 미적 감각이라는 무궁무진한 창고가 그분의 자녀들이 거할 도성을 완벽히 설계했다. 그리고 오직 그분만이 원래의 설계도에 따라 지으실 수 있다. 세상의 기초를 세우고 존재하게 했으며 강력한 구조와 질서를 세우신 그 하나님이 다시 창조 사역을 행하시면서 이 땅의 택한 자들을 위한 최고의 도성을 세우기 위해 자신을 낮추신 것이다.

천국의 도성에는 밤의 어둠이 결코 깃들 수 없다. 천국은 "살아 계신 하나님의 도성"(히 12:22)이라고 불린다. 하나님은 다른 어떤 곳에서보다 천국에서 더 직접적이고 더욱 친밀하며 더없이 영광스러우시다. 천국에서는 생명의 직접적인 원천과 공급처이신 하나님을 소유한다. 이 생명은 가장 풍부한 충만함 속에서 향기롭고 은혜로우며 매력적인 향기로 가득하다. 어떤 것도 천국의 완벽한 기쁨을 조금이라도 빼앗거나 천국의 끝없는 확장을 조금이라도 가로막을 수는 없다. 영광스런 하나님이 그 도성을 친히 세우셨다! 누가 그 영광을 그림으로 그릴 수 있겠는가? 누가 그곳의 복 받은 거민들을 그림으로 표현할 수 있겠는가? 천국의 도성과 그곳의 왕자요 공주인 성도들의 모습을 잠시나마 보는 것만으로도 우리에게는 작은 천국이 될 것이다.

탄식하며 기다리는 새 예루살렘

천국은 수많은 보석이 박힌 성벽으로 보호받는 도성이다. 성경 시대에 도성은 보물을 저장하고 있는 곳이었다. 따라서 도성은 보물을 안전히 지키기 위해 성벽을 쌓았다. 천국은 새 예루살렘이라고 불린다. 옛 예루살렘과 구별하기 위해서일 뿐만 아니라 신선함과 영원한 새로움을 나타내기 위해 그렇게 부른다. 새 예루살렘에는 부패함이나 둔감함이 전혀 없다. 천국은 하늘의 예루살렘이라고도 불리는데, 이 땅의 예루살렘과 구별하면서 그 영광을 강조하기 위해서다.

이 땅의 예루살렘은 유대인들의 소망이요 중심이었다. 그들의 마음은 언제나 예루살렘에 있었다. 예루살렘에서 멀리 떨어져 있는 동안 유대인들에게는 노래가 사라지고 없었다. 오직 슬픔과 고달픈 포로 생활만 있을 뿐이었다(시 137:5-6). 그들의 마음은 항상 예루살렘을 생각하며 두려움과 경외감에 떨었다.

유대인들에게 예루살렘이 그처럼 간절한 소망이 되었다면 천국은 우리에게 그보다 더한 애절한 소망이 되어야 한다. "우리가 여기 있어 탄식하며 하늘로부터 오는 우리 처소로 덧입기를 간절히 사모하노라"(고후 5:2).

부족한 이 땅의 언어로 하늘의 영원한 것들을 우리에게 전달하기 위해 이런 성경적인 상징들이 사용된다. 천국의 본질로 우리를 이끌고 일깨우며 인도해가기 위해서다. 새로운 도성은 그 광채와 명성, 영광이 결코 부패되지 않고 영원토록 지속될 것이다.

천국은 우리의 만족을 완전히 채우는, 충만한 곳이다

도성이라는 용어는 천국과 천국의 삶에 대한 친근한 예표다. 도성은 권세와 생명의 중심지다. 그런 의미에서 천국은 위대한 도성이다. 보석과 정금으로 된 도성이라는 개념은 그 나라와 그 삶이 비길 수 없이 사랑스럽고 소중함을 보여준다. 보석들은 천국의 성벽에서 기초를 이룬다.

또한 천국의 길은 정금이다. 이 땅에서 가장 값비싼 것들이 천국에서는 가장 낮고 흔한 것으로 사용된다. 천국의 가장 흔하고 낮은 것들이 보석과 정금이라면 천국에 있는 더 높은 것들이 지닌 탁월한 풍성함과 부요함을 무엇으로 표현할 수 있겠는가! 하나님의 도성은 그분 임재의 영광으로 찬란히 빛나는 위대한 도성이다.

천국은 도성이라는 단어가 지닌 본래 의미로 볼 때 충분히 그렇게 불릴 만하다. 도성이라는 단어는 본래 충만함 혹은 가득함을 뜻한다. 천국은 충만한 곳이다. 아무라도 능히 셀 수 없이 많은 무리가 천국의 성벽 안에 모일 것이다. 천국은 조밀하고 **빽빽**하게 사람들로 가득 찰 것이다. 천국의 모든 길은 사람들로 북적댈 것이다. 황홀함에 가득한 무리들의 발걸음이 정금으로 된 길을 수없이 밟을 것이다.

도성은 장엄함과 완벽함, 영광 속에 있는 삶을 상징한다. 천국은 이 모든 것이 실현되는 곳이다. 천국에서 풍성히 넘쳐날 공감과 사랑, 친밀한 교제는 도성이라는 비유 속에서 잘 찾을 수 있다.

천국은 예비된 도성이다. 천국은 우리를 위해 준비되고 잘 꾸며져 완성된 곳이다(히 11:16 참조). 천국에서는 경작되지 않은 땅이나 웃자란 숲이 우리를 맞는 일이 결코 없다. 우리의 집은 이미 완성되었다. 어렵게 수고하고 땀 흘려야 할 일이 우리를 기다리는 일은 없을 것이다. 모든 것이 이미 준비되었고 세심하게 예견되었다. 모든 필요를 아시는 하나님이 그 지식과 능력으로 우리에게 모든 것을 빠짐없이 공급하신다. 어떤 것도 비용을 치르지 않아도 되고, 모든 만족은 채워진다.

세상에서 가장 본질적이며 사회적으로 인정받고 있는 것들이 또한 얼마나 변하기 쉬운 성질을 갖고 있는지! 시와 소설도 그것을 잘 보여준다. 그것은 인생의 슬픈 경험 중에 큰 부분을 차지한다. 피상적으로 휙 둘러보더라도 이 땅이 영원하지 않다는 우리의 경험을 쉽게 확증할 수 있다. 이 땅의 가장 아름다운 꽃도 곧 시들어 버린다. 이 땅의 가장 소중한 기쁨도 금세 시들해진다. 그러나 천국은 다르다. 천국은 영원하다. 천국은 순례자가 잠시 머무르는 숙소가 아니다. 천국은 집이다. 영원토록 거하는 우리의 정착지다.

천국으로 가는 좁은 길을 발견했는가?

하지만 그런 천국으로 가는 길은 매우 협착하다. 문은 좁고 찾는 이는 적다. 그럼에도 불구하고 각 공동체와 세대에는 다른 사람들은 감히 가지 않던 길을 투쟁하며 용감히 걸어간 소수의 사람들이 있었다. 그리고 오고 가는 세대를 통해 소수의 소중한 사람들이 계속해서 천국에 들어가 점점 그 수를 채워가고 있다. 만일 당신과 내가 그 복된 나라를 놓친다 해도 다른 이들이 십자가를 지고 쾌락의 넓은 길에서 나와 고독한 여정을 갈 것이다. 그리고 우리가 무지하고 어리석어 잃어버린 면류관을 그들이 얻을 것이다.

오염되거나 불결한 것은 결코 거룩한 도성 안으로 들어올 수가 없다(계 11:2 참조). 모든 것이 다이아몬드처럼 찬란히 빛나고 순결하다. 천국은 크고 위대한 선과 빛을 발하고 마음을 사로잡는 강력한 힘을 갖고 있으며 구조와 아름다움, 장엄함에서 어떤 것과도 비교할 수 없다. 그 도성의 모든 것이 더할 수 없는 매력과 가장 소중한 가치, 값비싼 부요함을 지니고 있다.

천국이 크고 위대한 곳이라는 사실보다 거룩한 도성이라는 사실이 우리의 목적과 유익을 위해 더 중요하다.

거룩함이란 세상과 분리되고 하나님에게 헌신되어 있다는 뜻이다. 순결함을 의미한다. 이 땅의 도시들은 크고 위대하지만, 순결함은 그 도시의 위대함과는 반비례하는 경우가 많다. 천국의 위대함은 결코 선함과 분리되지 않는다. 그러나 안타깝게도 이 땅에서는 그렇지가 못하다. 천국은 그 순결함으로 구분되고 수정처럼 반짝이며 빛을 발한다. 천국의 빛은 순결함에 있다. 천국의 찬란함과 영원함이 하나님과 어린양에게서 흘러나오기 때문이다.

가장 높은 영광이 온전히 드러나는 곳

지칠 줄 모르는 장엄함과 끊임없이 증가하는 영광 속에서 천국 도성을 바라보기 위해 요한에겐 성령의 빛과 능력, 그리고 정상에서 모든 것을 한 눈에 바라볼 수 있는 높은 산 위의 조망이 필요했다.

일곱 대접을 가지고 마지막 일곱 재앙을 담은 일곱 천사 중 하나가 나아와서 내게 말하여 이르되 이리 오라 내가 신부 곧 어린 양의 아내를 네게 보이리라 하고 성령으로 나를 데리고 크고 높은 산으로 올라가 하나님께로부터 하늘에서 내려오는 거룩한 성 예루살렘을 보이니 하나님의 영광이 있어 그 성의 빛이 지극히 귀한 보석 같고 벽옥과 수정 같이 맑더라 크고 높은 성곽이 있고 열두 문이 있는데 문에 열두 천사가 있고 그 문들 위에 이름을 썼으니 이스라엘 자손 열두 지파의 이름들이라 (계 21:9-12).

그 광경이 얼마나 장엄하고 웅장했을까! 무아경 가운데 있던 영혼과 높은 산 위에서의 영감은 그 광경을 더욱 황홀하게 했다. 그러나 이런 묘사들은 실재를 아주 희미하게만 드러낼 따름이다. 말할 수 없이 절묘하고 훌륭하며 결코 사라지지 않는 아름다움을 결코 다 묘사하지 못했다. 그것은 단지 그림일 뿐이었다. 그 생명력과 실재와 본질^{substance}에 대해서는 영감을 받은 황홀경으로도, 웅장하고 높은 산 위의 전망으로도 그려낼 수가 없었다.

하나님의 영광은 창조되지 않은 영광에 속한, 가장 높고 찬란한 광채다. 그것은 가장 높은 탁월함과 최고의 아름다움을 완전하게 드러낸다. 하나님은 바로 이 영광을 계시하신다. 그리고 이 하나님의 영광이 천국 도성의 빛과 복, 찬란함을 빚어낸다. 얼마나 멋진 곳인가! 얼마나 황홀한 삶인가! 하나님의 영광은 그 나라의 사랑스러움과 영광을 이룬다. 천국의 생명이 지닌 풍부함과 부요함의 근원인 것이다. 천국의 빛이 가장 귀한 돌이라면 하나님의 영광은 해와 같다! 그런 해는 이 땅의 가장 값비싸고 아름다우며 찬란하게 빛나는 다이아몬드처럼 눈부신 불꽃을 발한다.

힘과 아름다움에 둘러싸인 곳

벽과 문은 이사야서에서 의미심장한 뜻을 지닌다. "네가 네 성벽을 구원이라, 네 성문을 찬송이라 부를 것이라"(사 60:18). 벽은 천국의 생명이라는 구원의 힘과 능력을 상징한다. 천국에서 구원의 힘은 너무나 분명하고 강력해서 감당할 수 없는 황홀함으로 가득 채우고, 자연스럽고 자발적이며 강력한 힘을 발한다. "여호와께서 구원으로 성벽과 외벽으로 삼으시리로다"(사 26:1).

> 너 곤고하며 광풍에 요동하여 안위를 받지 못한 자여 보라 내가 화려한 채색으로 네 돌 사이에 더하며 청옥으로 네 기초를 쌓으며 홍보석으로 네 성벽을 지으며 석류석으로 네

성문을 만들고 네 지경을 다 보석으로 꾸밀 것이며 (사 54:11-12).

그 성의 성곽에는 열두 기초석이 있고 그 위에는 어린 양의 열두 사도의 열두 이름이 있더라 … 그 성곽은 벽옥으로 쌓였고 그 성은 정금인데 맑은 유리 같더라 그 성의 성곽의 기초석은 각색 보석으로 꾸몄는데 첫째 기초석은 벽옥이요 둘째는 남보석이요 셋째는 옥수요 넷째는 녹보석이요 (계 21:14, 18-19).

벽은 보호를 위한 것이다. 열두 개의 기초석은 힘을 나타낸다. 그 벽은 벽옥이요, 열두 개의 기초석이 다양한 보석으로 이루어져 있다. 보석들은 그 힘의 아름다움과 귀함을 나타낸다. 천국의 삶은 막강한 힘과 보석으로 화려하고 풍성하게 치장된 아름다운 벽이 보호한다. 우리는 천국 안에 거하게 될 것이다. 그리고 그 밖으로 결코 나가지 않을 것이다.

우리를 천국에 있도록 붙잡는 동기와 영향력은 실로 막

강하다. 물론 둔하고 무겁고 강한 철문이 가로막기 때문은 아니다. 우리를 천국에 묶어두는 강력한 힘은 어디에서 나오는가? 오히려 그 힘은 철로 된 벽처럼 강하지만, 동시에 벽옥처럼 눈부신 힘으로 우리를 붙잡아 둔다. 열두 개의 기초석으로 그 벽은 강력해지지만 동시에 그 보석들에 따라 풍성하고 다양하며 영광스럽게 빛난다.

천국의 성벽을 구성하고 있는 것은 벽옥이었다. "내가 곧 성령에 감동되었더니 보라. 하늘에 보좌를 베풀었고 그 보좌 위에 앉으신 이가 있는데 앉으신 이의 모양이 벽옥과 홍보석 같고 또 무지개가 있어 보좌에 둘렸는데 그 모양이 녹보석 같더라"(계 4:2-3).

하나님을 묘사할 때 사용한 것과 같은 물질로 만들어진 하늘 도성의 성벽은 얼마나 놀라운 것이겠는가! 다음의 요한계시록 말씀을 보라. 하나님과 그분의 도성이 얼마나 가깝게 결합되어 있는가!

이기는 자는 내 하나님 성전에 기둥이 되게 하리니 그가 결코 다시 나가지 아니하리라 내가 하나님의 이름과 하나님의 성 곧 하늘에서 내 하나님께로부터 내려오는 새 예루살렘의 이름과 나의 새 이름을 그이 위에 기록하리라 (계 3:12).

가치와 귀중함에서 견줄 만한 것이 없는 천국의 모든 외부 장식물들은 그곳의 삶이 얼마나 부요하고 진귀한지를 잘 보여준다. 중대한 기쁨과 하늘에 속한 삶을 추구하는 일에서 그렇다. 보석으로 된 기초석들은 천국 시민들의 견고하고 소중한 성품을 상징한다. 그들이 얼마나 하나님을 닮은 자들이란 말인가! 천국은 순결함으로 밝게 빛나는 다이아몬드처럼 찬란한 빛을 발하는 영광스런 나라다. 투명한 정금처럼 흠이 없고 순결한 나라다.

이곳에서 가장 귀하게 여기는 정금이 그곳에선 발로 밟는 낮고 흔한 길로 이루어져 있고 그 길을 따라 거니는 하늘 성도들의 모습을 거울처럼 비쳐준다. 그들의 모습이 너무나 아름다워서 그 그림자를 완벽하게 정련한 정금이 아닌 물질로는 비출 수가 없기 때문이다. 완벽하게 아름다운 그들의 모습이 그 도성의 황홀한 매력에 또 하나의 아름다움을 더해준다.

이 세상에서는 죽음이 통치하지만 천국에서는 생명이 다스린다. 천국은 지칠 줄 모르고 흐르는 깊고 넓은 강처럼 풍성한 생명력과 활기로 가득한 생명이다. 천국은 강이다. 가지나 우물이 아니라 강이다. 계속해서 확장하고 움직이며 앞으로 나아가는 강이다. 우리에게 시내가 있는 것이라면 그들에게는 마치 해류가 있는 것과 같다. 우리에게 별빛의 반짝임과 같은 것이라면 그들에게는 구름 한 점 없는 활짝 갠 하늘에서 강력하게 빛을 발하는 해가 있는 것과 같다.

천국에 있는 모든 것은 생명을 새롭게 하고 기쁘게 하며 생명을 주고 증가시킨다. 강력한 강물, 하늘의 생명이 하나님의 보좌에서 흘러나온다. 하나님의 보좌는 그분의 법과 권세를 상징한다.

> 그 천사는 또 내게 생명수가 흐르는 강을 보여 주었습니다. 수정같이 맑은 그 강은 하나님과 어린양의 보좌로부터 흘러나와 그 성의 넓은 거리 한가운데로 흐르고 있었습니다. 강 양쪽에는 생명나무가 있어서 일 년에 열두 번, 달마다 새로

운 열매를 맺고 있었습니다. 또 그 잎은 모든 사람들을 치료하는 데 사용되었습니다. 하나님께서 죄 있다고 심판하실 것이 그 성에는 없었습니다. 하나님과 어린양의 보좌가 그 곳에 있고, 그분의 종들은 다 그분을 섬길 것입니다. (계 22:1-3, 쉬운성경)

천국의 생명을 풍성히 하시는 어린양 예수님

천국은 하나님의 능력을 보고 느끼는 장소다. 하나님은 무한한 권세와 절대적인 권위로 다스리신다. 그분은 "수정같이 맑은 생명수의 강"(1)을 흘려보내신다. 우리는 천국이 얼마나 순결한지를 끊임없이 떠올리게 된다. 천국의 생명은 충만하게 채움 받은 강이다. 강력하게 흘러가는 강이다. 그러나 순전하기가 수정같이 투명하고 맑은 강이다.

보좌와 어린양은 분리되지 않는다. 하나님의 아들과 그분이 행하신 대속의 희생은 천국의 생명을 풍성히 흘러 보내기 위해 보좌와 연합되어 있다. 천국이 행복한 곳인 까닭은 우리가 항상, 어디서나, 모든 것에서 "죽임 당한 어린양"(계 5:6)을 볼 수 있기 때문이다. 이것이 피조물이 누리는 최상의 황홀함이요, 천국에서 가장 심오한 교훈을 배우는 근원이다. 천국의 노래는 영원히 계속된다.

> 그들이 새 노래를 불러 이르되 두루마리를 가지시고 그 인봉을 떼기에 합당하시도다 일찍이 죽임을 당하사 각 족속과 방언과 백성과 나라 가운데에서 사람들을 피로 사서 하나님께 드리시고 그들로 우리 하나님 앞에서 나라와 제사장들을 삼으셨으니 그들이 땅에서 왕 노릇 하리로다 하더라 내가 또 보고 들으매 보좌와 생물들과 장로들을 둘러 선 많은 천사의 음성이 있으니 그 수가 만만이요 천천이라 큰 음성으로 이르되 죽임을 당하신 어린 양은 능력과 부와 지혜와 힘과 존귀와 영광과 찬송을 받으시기에 합당하도다 하더라 (계 5:9-12).

천국의 삶에서 우리는 "창세로부터 죽임을 당한 어린 양"(계 13:8, 흠정역)의 놀라운 신비와 무한한 영광, 그리고 다함없는 능력이 펼쳐지는 것을 보면서 샘솟는 새로운 기쁨을 경험하게 된다. 보좌에 앉으신 하나님과 십자가에 달리신 그리스도를 더 알아가는 것이다. 천국에 있는 모든 것은 그 생명력이 활발하고 영광스럽게 확장되어 자라가기 위해 결합된다. 생명나무는 계속해서 매월 새롭게 수확할 힘을 받아 열매를 맺고, 그 나무의 잎들은 천국의 시민들을 강건케 하고 기운을 북돋워준다.

저주는 죽음에 이르게 하는 질병과 아담의 타락이 가져온 모든 비참한 결과와 함께 제거된다. 첫 아담의 발자취가 남긴 어떤 흔적도 다시는 찾아볼 수도, 느낄 수도 없을 것이다. 이 땅의 신음과 한숨의 원인은 모두 파괴된다. 하지만 하나님의 능력, 즉 우리를 구속하고 새롭게 하며 완전케 하시는 십자가의 재창조 능력은 영원히 계속될 것이다.

완전하신 하나님을 직접 만나는 곳

천국에서는 가장 높고 가장 사모할 만하며 황홀케 하는 예배가 드려진다. 모든 찬양에는 불협화음이 전혀 없고 완전히 조화로운 선율로 이루어진다.

천국의 시민들은 하나님을 완전하게 뵙게 될 것이다. 영화롭게 된 영혼들은 하나님을 노래하고 그분을 탐구하며 추구한다. 하나님을 아는 것, 그분을 더욱 알아가는 것이 천국에서의 직업이요 더없는 기쁨이다. 믿는 자들은 이마에 하나님의 이름으로 인을 받는다. 이것은 소유권에 대한 확실한 증표와 하나님에 대한 충성과 헌신의 분명한 표시다. 교회나 제사장, 성찬식이나 의식의 도움 없이도 그들에게는 이러한 인이 주어진다. 그들은 직접 하나님 앞에 나온다. 그리고 영생의 모든 순간마다 그분에게서 직접 하나님의 모든 보물을 받는다.

천국에서 모든 희미한 빛들은 흐릿해지고, 중간 매개체들은 모두 그 역할을 멈춘다. 하나님과 그리스도가 거룩하고 영원한 충만함으로 끊임없이 직접 만나주시기 때문이다. 하나님 임재의 빛이 임하면 이 땅의 모든 희미한 빛은 숨고 흩어진다. 하나님은 영화롭게 된 자들에게 찬란히 빛을 비추신다. 그리고 십자가의 모든 거룩한 권위가 그들을 왕의 특권으로 높이 끌어올린다. 그들은 하나님께 대해 제사장일 뿐만 아니라 왕들이기도 하다.

땅은 천국 거민들이 천국에서 누릴 높은 영광을 미리 꿰뚫어 보지 못한다. 그들이 높이 끌어올려질 장엄함에 대해서도 전혀 알지 못한다. 상속자로서 유업을 받을 때 그들이 손 안에 쥐게 될 왕의 홀에 대해서도 전혀 상상할 수 없다. 천국은 하나님을 향한 우리의 갈망이 만족을 얻고, 그분의 영광을 완전하게 바라볼 수 있는, 말로는 묘사할 수 없는 곳이다.

> 다시 저주가 없으며 하나님과 그 어린 양의 보좌가 그 가운데에 있으리니 그의 종들이 그를 섬기며 그의 얼굴을 볼 터이요 그의 이름도 그들의 이마에 있으리라 다시 밤이 없겠고 등불과 햇빛이 쓸 데 없으니 이는 주 하나님이 그들에게 비치심이라 그들이 세세토록 왕 노릇 하리로다 (계 22:3-5).

요한계시록은 해석하기가 어렵다. 이 책을 해석하는 입장은 너무도 다양해서 끝이 없을 정도다. 그러나 한 가지만은 분명하다. 요한계시록 끝부분에 나오는 하늘의 예루살렘에 대한 묘사가 이 땅의 예루살렘에게 본이 된다는 것이다.

모세의 장막이 천국의 장막을 예표했듯이, 요한은 문자

그대로의 진짜 천국, 사실과 장소로서의 천국, 하나님이 거하시고 온전히 계시된 그분의 영광을 볼 수 있는 셋째 하늘에 대해 그림으로 묘사한 것이다. 그는 이 땅 위에서 하나님이 지으신 장막의 본이자 최종적인 결과로서 천국을 제시한다.

성경은 계속해서 숭고하고 위로가 넘치는 진리로 천국 생활의 탁월함을 선포한다. 천국은 성도들을 죽음과 고통이 없는 생명으로 옷 입히고 황홀하게 만든다. 천국의 시간은 영원하며 천국의 조건과 상황은 완전하다. 모든 악에서 벗어난 영원한 자유가 있다. 모든 선과 위대함이 그곳에 있다.

천국의 진리가 우리를 사로잡고 질병으로 가득한 이 보잘것없는 땅의 삶 너머로 우리를 높이 들어 올릴 때 얼마나 영광스럽겠는가!

> 저 위의 예루살렘을 향해
> 나는 노래하며 가리.
> 육체 안에 있는 동안에도 내 소망과 사랑,

내 마음과 영혼은 그곳에 있다네.

그곳에 높이 들리신 내 구주가 계신다네.

내 자비로운 대제사장이 계신다네.

그분은 지금도 여전히 상처로 덮인 손을 내미시네.

나를 친히 품 안에 받아주시기 위해.

_찰스 웨슬리

계속해서 나아가라. 결코 약해지지 말라.

당신의 소중한 것이 천국에 있다. 높임 받으신 당신의 구주 몸 옆에 있다.

당신의 길을 따라 계속해서 나아가라.

시간의 실타래가 점점 줄어들고 있다. 당신은 이미 맹세를 했고 인을 쳤다.

고통스럽다 해도 당신은 자라가야 한다. 껍질을 깨고 나와야 한다.

믿음으로 살고 승리하며 통치해야 한다.

그것은 단순한 정복자 이상의 영광이다.

당신을 계속해서 인도하시는 대장께서 정복자보다 더 크신 분이고

그분이 당신으로 하여금 그분의 정복과 승리에 동참하게 하시기 때문이다.

사무엘 러더퍼드

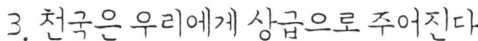

3. 천국은 우리에게 상급으로 주어진다

천국은 나라다

나라^{kingdom}의 위엄과 찬란함은 얼마나 큰지! 한 나라를 소유하려는 마음이 얼마나 큰 야망을 낳는가! 그것은 가장 고상한 노력을 낳는 자극제다. 승리를 통해 한 나라를 얻듯이 천국도 승리를 통해 얻는다. 한 나라를 지키고 얻기 위해 투쟁을 하듯이 천국도 지키고 얻기 위해 투쟁을 해야 한다. 한 나라를 얻으려는 야망이 동기를 부여하고 자극과 격려가 되듯이 천국을 얻으려는 갈망도 자극과 격려가 된다.

인간의 마음속에서 일어나는 은혜의 역사를 은혜의 나라라고 부른다. 천국은 영광의 나라라고 불린다. "나아와 창세로부터 너희를 위하여 예비된 나라를 상속 받으라"(마 25:34). 이것은 예수님이 심판의 날에 그분의 오른쪽에 있게 될 존귀한 자들에게 상급을 주실 때 하시는 말씀이다.

바울은 다음과 같이 경고했다. "이는 너희를 부르사 자기 나라와 영광에 이르게 하시는 하나님께 합당히 행하게 하려 함이라"(살전 2:12). 여기에서 우리는 나라와 영광을 결합시키는 것을 볼 수 있다. 그것이 얼마나 장엄한 결합인가! "하나님이 세상에서 가난한 자를 택하사 믿음에 부요하게 하시고 또 자기를 사랑하는 자들에게 약속하신 나라를 상속으로 받게 하지 아니하셨느냐?"(약 2:5). 베드로는 다음과 같이 선언한다. "이같이 하면 우리 주 곧 구주 예수 그리스도의 영원한 나라에 들어감을 넉넉히 너희에게 주시리라"(벧후 1:11).

그렇게 살아가는 자들에게는 장래의 삶으로 보좌가 허락된다. "이기는 그에게는 내가 내 보좌에 함께 앉게 하여 주기를 내가 이기고 아버지 보좌에 함께 앉은 것과 같이 하리라"(계 3:21).

천국은 면류관이다

천국은 면류관이다. "네가 가진 것을 굳게 잡아 아무도 네 면류관을 빼앗지 못하게 하라"(계 3:11). 천국은 썩지 않는 면류관이다. 그 영광이 결코 희미해지거나 사라지지 않는 면류관이다. 그 권세가 결코 줄어들거나 없어지지 않는 면류관이다. 바울은 고린도 지역에서 열린 대회에서 달리기를 하는 선수들을 비유로 든다. 바울은 그들의 철저한 자기 부인과 끈기 있는 노력과 관련해 이렇게 언급했다. "그들은 썩을 승리자의 관을 얻고자 하되 우리는 썩지 아니할 것을 얻고자 하노라"(고전 9:25).

바울은 임박한 죽음 앞에서도 다음과 같이 선언했다.

이제 후로는 나를 위하여 의의 면류관이 예비되었으므로 주 곧 의로우신 재판장이 그 날에 내게 주실 것이며 내게만 아니라 주의 나타나심을 사모하는 모든 자에게도니라 (딤후 4:8).

"의의 면류관"은 철저히 순전함을 따라 살아간 자들에게 주어지는 상급이다. "생명의 면류관"(계 2:10)에 대해 야고보는 이렇게 말했다.

> 시험을 참는 자는 복이 있나니 이는 시련을 견디어 낸 자가 주께서 자기를 사랑하는 자들에게 약속하신 생명의 면류관을 얻을 것이기 때문이라 (약 1:12).

베드로는 이렇게 선포했다. "그리하면 목자장이 나타나실 때에 시들지 아니하는 영광의 관을 얻으리라"(벧전 5:4). 그것이 얼마나 철저한 자기 부인과 절제를 하도록 우리를 격려하는가! 사도 중의 사도인 바울도 썩지 않는 면류관을 생각하면서 끝까지 달렸다.

그리스의 운동선수들은 썩을 수밖에 없는 관을 얻기 위해 놀라운 기술을 연마했다. 그렇게 썩을 수밖에 없는 관을 얻기 위해서도 그들은 어떤 수고나 노력도 마다하지 않았다. 영원한 상급은 얼마나 크고 장엄한 것인지! 면류관은 왕, 정복자, 영웅에게만 주어진다. 왕관은 왕권을 상징한다. 이기는 자들과 정복자들이 생명의 나라로 들어간다. 상급으로 받는 면류관에는 나라와 권세, 존귀와 장엄함이 모두 들어 있다! 그들의 경기를 지켜보는 관중과 심판, 면류관은 모두 천국을 위한 경주에서 우리를 기다리고 있는 이들에 대한 비유다.

천국은 우리가 받을 유업이다

요한계시록은 이기는 자들에게 계승되는 상속권에 대해 이렇게 선포한다. "이기는 자는 이것들을 상속으로 받으리라. 나는 그의 하나님이 되고 그는 내 아들이 되리라"(계 21:7). 포괄적이고 완전한 선포다.

골로새서에서는 상급과 유업이 결합된다. "이는 기업의 상을 주께 받을 줄 아나니 너희는 주 그리스도를 섬기느니라"(골 3:24). 천국은 유업으로 불린다. 유업은 관계와 상속권을 통해서 주어진다.

> 너희는 다시 무서워하는 종의 영을 받지 아니하고 양자의 영을 받았으므로 우리가 아빠 아버지라고 부르짖느니라 성령

이 친히 우리의 영과 더불어 우리가 하나님의 자녀인 것을 증언하시나니 자녀이면 또한 상속자 곧 하나님의 상속자요 그리스도와 함께 한 상속자니 우리가 그와 함께 영광을 받기 위하여 고난도 함께 받아야 할 것이니라 (롬 8:15-17).

갈라디아서 4장 6-7절은 이렇게 선언한다.

너희가 아들이므로 하나님이 그 아들의 영을 우리 마음 가운데 보내사 아빠 아버지라 부르게 하셨느니라 그러므로 네가 이 후로는 종이 아니요 아들이니 아들이면 하나님으로 말미암아 유업을 받을 자니라

베드로는 천국에서 성도들이 누리게 될 상속권과 미래의 유업에 대해 중요하고 의미 있는 선언을 했다.

우리 주 예수 그리스도의 아버지 하나님을 찬송하리로다 그의 많으신 긍휼대로 예수 그리스도를 죽은 자 가운데서 부활하게 하심으로 말미암아 우리를 거듭나게 하사 산 소망이 있

게 하시며 썩지 않고 더럽지 않고 쇠하지 아니하는 유업을 잇게 하시나니 곧 너희를 위하여 하늘에 간직하신 것이라 너희는 말세에 나타내기로 예비하신 구원을 얻기 위하여 믿음으로 말미암아 하나님의 능력으로 보호하심을 받았느니라 (벧전 1:3-5).

유업은 선물로 제시된다. "하나님의 선물은 예수 그리스도 우리 주를 통해 얻는 영원한 생명이니라"(롬 6:23, 흠정역).

이런 풍성하고도 다양한 표현을 통해 천국은 큰 상급으로 묘사된다. 사라지지 않는 아름다움과 끝없는 풍성함을 지닌, 썩지 않는 장엄한 유업으로 묘사된다. 시간 속에서나 영원 속에서 가장 위대한 상으로, 모든 요소에서 말로 표현할 수도 묘사할 수도 없는 선물로 제시된다.

가장 성도다운 성도는 이러한 천국의 영감을 통해 나온다. 가장 위대한 영웅이나 위대한 정복자, 철저한 자기부인도 마찬가지다.

천국을 통해 우리가 얼마나 놀라운 격려를 받는지! 우리 마음과 지성 속에 그 힘이 적절한 모습으로 자리잡아, 우리가 깊은 확신과 뜨거운 믿음, 충성심으로 거기에 사로잡히게 되면 우리는 결코 그것 없이는 살아갈 수 없을 것이다. 이런 천국의 힘은 우리의 지친 마음에 항상 힘을 주고 낙심한 마음을 다시 일으키며 어두운 마음에 밝은 빛을 비춰준다. 그 힘은 우리가 항상 순결함과 고결함으로 살아가게 한다. 의에 대해 깨어나고 죄 짓는 것을 그만 두도록 촉구한다.

천국은 믿음을 강력히 일깨운다. 확실하고 견고하며 유일한 소망의 기초는 천국이다. 이 땅의 비밀들을 푸는 유일한 열쇠, 이 땅의 잘못들을 바르게 고쳐줄 수 있는 유일한 해결책, 세속을 위한 유일한 치료약이 곧 천국이다. 영생과 모든 선한 것이 그곳에서 나온다. 천국에는 모든 선한 것이 넘쳐나고 번성한다. 모든 생명과 모든 행복, 모든 아름다움과 모든 영광이 하나님의 집에 속해 있다. 그것은 그 복된 곳을 향해 향수병을 만들어낸다. 이 모든 것이 천국에 계시는 하나님의 상속자들에게 속해 있고 그들이 오기를 기다리고 있다. 얼마나 영광스런 유업인가! 얼마나 놀라운 즐거움이 우리를 기다리고 있단 말인가! 그러므로 우리의 믿음과 소망 속에 이 천국을 반드시 끌어와야 한다.

> 높은 곳에서 당신을 부르신 것은
> 모든 것에 생기를 불어넣으시는 하나님의 음성이라네.
> 당신의 열망하는 눈에 상을 제시하시는 것이 바로
> 하나님의 손이라네.
> 그 상은 어떤 것도 비교할 수 없는 찬란한 영광으로 빛난다네.
> 그리고 새로운 광채를 자랑하게 될 것이라네.
> 승리자의 화관과 군주의 보석이 흙과 만날 때
> 찬송 받으소서. 구주여!
> 당신이 시작하신 경주를 저 또한 시작했나이다.
> 그리고 승리로 면류관을 쓰게 될 것입니다.
> 그때 저는 당신의 발 아래에 제 영광을 내려놓을 것입니다.
>
> _필립 도드리지

이 일 후에 전달자가 진리의 용사를 찾아왔다는 소문이 온 마을에 자자했다.

그도 역시 친구들을 불렀다.

그리고 그들에게 자신이 부름 받았다는 것을 전하며 말했다.

"나는 내 아버지의 집으로 갑니다.

내 순례 길을 이어 받을 자에게 내 검을 줍니다.

내 용기와 싸움의 기술은 그것을 얻을 만한 자에게 주겠습니다.

내 상처와 흔적들은 내가 지니고 갑니다.

내 상급자가 되시는 분을 위해 그분의 전쟁에서 내가 싸웠다는

증거가 되기 때문입니다."

진리의 용사가 떠나야 할 날이 다가오자 많은 사람이 강가까지

그를 배웅 나왔다. 강물 속에 들어가며 그가 말했다.

"사망아, 너의 쏘는 것이 어디 있느냐?" (고전 15:55)

더 깊은 곳으로 들어갔을 때 그가 말했다.

"사망아, 너의 이기는 것이 어디 있느냐?" 그렇게 진리의 용사는 강을 건넜다.

강 건너 편에서는 그를 위해 모든 나팔이 웅장하게 울려 퍼졌다.

존 번연

4. 천국에선 영원히 하나님의 임재 안에 거한다

성경은 천국의 중심을 이루는 근본적인 개념을 표현하기 위해 '생명'life이라는 단어를 사용한다. 천국을 누리고, 그것을 활용하며, 천국의 특징을 나타낼 때 그러하다. 이 단어에는 확실한 문자적 의미가 있기 때문에 단순히 상징적인 뜻으로만 사용할 수는 없다. 이처럼 문자적인 의미가 강하기 때문에 상징적인 의미에 더욱 무게가 실리는 것이다.

신약은 이 상징을 풍성하게 사용한다. 생명은 복음의 요체요 결과다. 믿음은 영원한 생명이라는 씨앗을 심고, 그 씨앗은 신실한 마음 안에서 이 생을 사는 평생 동안 분투하며 자라간다. 마치 생명이 자라는 것과 같다. 그리고 천국에서는 그 씨앗이 비로소 온전하게 확장되고 넓어지면서 영원히 커간다.

> 참고 선을 행하여 영광과 존귀와 썩지 아니함을 구하는 자에게는 영생으로 하시고 (롬 2:7).

> 이는 죄가 사망 안에서 왕 노릇 한 것 같이 은혜도 또한 의로 말미암아 왕 노릇하여 우리 주 예수 그리스도로 말미암아 영생에 이르게 하려 함이라 (롬 5:21).

'생명 안에서 왕 노릇한다' 는 것은 다음과 같은 뜻이다.

그러나 더 이상 죄가 시키는 대로 살 필요가 없다는 사실을 알게 된 지금, 하나님의 말씀을 듣고 따르는 즐거움을 알게 된 지금, 여러분, 놀랍지 않습니까? 여러분은 지금 온전한 삶, 치유된 삶, 통합된 삶을 누리고 있습니다. 또한 이 삶은 갈수록 풍성해집니다! (롬 6:22, 메시지성경)

천국은 주님의 생명을 덧입는 곳이다

참된 그리스도인이 천국에 들어가기 위해 탄식하는 이유를 제시하면서 바울은 다음과 같이 말했다.

> 참으로 이 장막에 있는 우리가 짐진 것 같이 탄식하는 것은 벗고자 함이 아니요 오히려 덧입고자 함이니 죽을 것이 생명에 삼킨 바 되게 하려 함이라 (고후 5:4).

디모데에게 바울은 다음과 같이 말했다. "영생을 취하라. 이를 위하여 네가 부르심을 받았고"(딤전 6:12). 그는 다음과 같이 부유한 자들을 권면했다.

> 선을 행하고 선한 사업을 많이 하고 나누어 주기를 좋아하며 너그러운 자가 되게 하라 이것이 장래에 자기를 위하여 좋은 터를 쌓아 참된 생명을 취하는 것이니라 (딤전 6:18-19).

야고보는 천국을 "생명의 면류관"(약 1:12)이라고 표현했다. 천국은 "생명의 부활"(요 5:29)로 불린다. 하늘의 생명이라는 상징을 통해 그리스도와 사도들은 천국이 죽음을 벗어난 영원한 자유에 속했으며 죽음과 반대되는 것임을 보여준다. 인간이 누리기를 갈망하는 모든 선한 것이 생명이라는 용어 안에 집중되어 있다. 천국은 인간이 최초이자 마지막 복을 소유하는 것이다. 천국은 모든 복의 본질이다. 생명은 천국의 상태이며 천국을 풍부히 채우고 있다. 천국은 결코 부패하지도 사라지지도 않는 불멸의 상태다. 천국의 상태와 환경, 확장은 모두 생명이다. 더 깊고 더 넓으며 더 달콤한 생명이다. 천국의 강은 생명의 강이다. 천국의 나무는 생명나무다. 천국의 물은 생명수다.

예수께 왔던 한 젊은 관원은 온통 생명에 관한 질문에 마음이 사로잡혀 있었다. "내가 무엇을 하여야 영생을 얻으리이까?"(막 10:17).

이 생명은 얼마나 매력적인 것이기에 이토록 마음을 사로잡을 수 있을까! 연약함과 무력함의 상징인 요람을 통해 우리의 생명은 시작되고, 어둠과 고통, 두려움의 상징인 죽음을 통해 이 땅의 생명은 마감한다. 질병은 우리를 약화시키고 병약함은 우리를 구속하고 방해한다. 혹독한 투쟁과 슬픈 실망으로 우리 영혼은 상한다. 그럼에도 우리는 생명을 붙잡는다. 이 생명은 하나님의 선물이다!

영원한 생명에는 들어본 적도 없고 상상할 수도 없으며 결코 사라지지 않는 천국의 영광이 늘 따라다닌다! 측량할 수 없는 부요함이요, 불멸의 황홀함이다! 이는 영광스러운 도취이다! 어떤 묘사도 감히 그 모습을 표현하지 못한다. 아무리 뛰어난 음악도 천국 화음을 흉내낼 수 없다. 여기서 가장 뛰어난 시력도 천국에서는 가장 희미한 수준일 뿐이다! 한 여름의 태양도 밤이 없는 천국의 찬란한 낮과 견준다면 12월의 얼음처럼 차갑다. 이 땅의 가장 탁월한 시도 천국에서는 둔하고 지루한 산문으로 변한다.

천국은 충만한 생명으로 자라가는 곳이다

무엇이 영원한 생명인가? 누가 감히 그 생명을 꿈꾸거나 상상할 수 있는가? 그러나 천국에 그 영원한 생명이 있다! 천국이 그 영원한 생명을 보유하고 있다! 성도들이 이 땅을 떠나 하늘의 도성 문을 통과해 들어갈 때 영원한 생명이 그들을 놀라움으로 사로잡을 것이다.

예수님은 천국의 시민들을 "생명수 샘"(계 7:17)으로 인도하실 것이다. 생명수 샘에서 우리는 생명의 상징을 발견한다. 늘 새롭고 영원히 지속되는 생명의 상징 말이다. 물이 몸을 새롭게 하고 복을 주며 만족시키듯이 생명수 샘에는 영혼을 새롭게 하고 복을 주며 만족시키는 생명이 있다. 생명수 샘에서는 샘처럼 충만하고 넘쳐흐르는 생명이 끊임없이 펼쳐진다. 생명수 샘에서는 생명이 새롭게 발견된다. 생명의 숨겨진 원천들이 완전히 열렸기 때문이다.

천국은 생명을 추구하는 곳이 될 것이다. 생명을 사용하고 누릴 것이다. 생명을 증가시키게 될 것이다. 생명을 추구하고 사용하며 누리는 일이 영원히 계속될 것이다. 천국의 생명은 들어보지 못한 황홀함이요 더할 수 없는 행복이다. 인간의 모든 것, 생각과 영혼과 심령이 생명을 통해 넓어지고 고양된다. 깊어지고 정제되며 아름다워진다. 모든 것이 생명을 지극히 복되고 영광스럽게 하기 위해 함께 작용하고 협력할 것이다. 그리스도는 가장 풍성한 초장에서 우리에게 생명을 먹여주신다. 그리고 생명수 샘으로 우리를 인도하신다. "하나님께서 그들의 눈에서 모든 눈물을 씻어 주실 것임이라"(계 7:17, 21:4).

믿음의 길을 완주한 자들에게 주어지는 생명의 부활

니고데모와 나누신 대화에서 예수님은 믿는 자들을 들어 '영생'이라는 위치로 높여주시겠다고 설명하신다.

> 모세가 광야에서 뱀을 든 것 같이 인자도 들려야 하리니 이는 그를 믿는 자마다 영생을 얻게 하려 하심이니라 하나님이 세상을 이처럼 사랑하사 독생자를 주셨으니 이는 그를 믿는 자마다 멸망하지 않고 영생을 얻게 하려 하심이라 (요 3:14-16).

요한복음 4장에서 영원한 영광은 곧 영생을 나타낸다. 우리가 이 세상에서 믿음으로 뿌리고 땀 흘려 수고한 대가로 거둘 열매가 바로 영생이다. "거두는 자가 이미 삯도 받고 영생에 이르는 열매를 모으나니 이는 뿌리는 자와 거두는 자가 함께 즐거워하게 하려 함이라"(요 4:36).

그리고 우리가 얻을 부활은 '생명의 부활'이다. "이를 놀랍게 여기지 말라 무덤 속에 있는 자가 다 그의 음성을 들을 때가 오나니 선한 일을 행한 자는 생명의 부활로, 악한 일을 행한 자는 심판의 부활로 나오리라"(요 5:28-29).

예수님은 마르다에게, 장차 면류관을 받게 될 영광은 다름아닌 영생이라는 위대한 진리를 선포하신다.

예수께서 이르시되 네 오라비가 다시 살아나리라 마르다가 이르되 마지막 날 부활 때에는 다시 살아날 줄을 내가 아나이다 예수께서 이르시되 나는 부활이요 생명이니 나를 믿는 자는 죽어도 살겠고 무릇 살아서 나를 믿는 자는 영원히 죽지 아니하리니 이것을 네가 믿느냐 이르되 주여 그러하외다 주는 그리스도시요 세상에 오시는 하나님의 아들이신 줄 내가 믿나이다 … 예수께서 이르시되 내 말이 네가 믿으면 하나님의 영광을 보리라 하지 아니하였느냐 (요 11:23-27, 40).

예수님은 또한 다음과 같이 말씀하셨다. "자기의 생명을 사랑하는 자는 잃어버릴 것이요 이 세상에서 자기의 생명을 미워하는 자는 영생하도록 보전하리라"(요 12:25). 이는 앞의 구절과 연결되는 말씀이다.

영원토록 우리와 함께하고 싶으신 주님

세상을 떠나시기 전에 겟세마네와 갈보리의 암울함이 제자들과 그분 자신을 덮고 있을 때 그분은 제자들에게 비할 수 없이 근사하면서도 위로 넘치는 약속을 주셨다.

> 너희는 마음에 근심하지 말라 하나님을 믿으니 또 나를 믿으라 내 아버지 집에 거할 곳이 많도다 그렇지 않으면 너희에게 일렀으리라 내가 너희를 위하여 거처를 예비하러 가노니 가서 너희를 위하여 거처를 예비하면 내가 다시 와서 너희를 내게로 영접하여 나 있는 곳에 너희도 있게 하리라 (요 14:1-3).

천국은 이 세상 삶의 모든 고통과 어려움을 덜어줄 것이다. 천국에서는 이 땅에서의 모든 고통이 위로 받을 것이다. 모든 불같은 시험이 사라지고 모든 눈물이 마를 것이다.

거할 곳이 많은 하나님의 집에서 예수님은 보좌 위에 앉아 다스리시며 그 영광을 나타내신다. 그곳에서 성도들은 높임 받으신 주님과 함께 영원하고 순전하며 진정한 선 안에 거한다. 예수님은 우리를 하나님 아버지의 집에 있게 하실 것이라고 선포하셨고 그것을 간절히 원하셨다. "나 있는 곳에 너희도 있게 하리라"(요 14:3). 이것이 그분의 목적 중 하나였다. 그것은 철저히 예수님의 대제사장적인 기도다.

> 아버지여 내게 주신 자도 '나 있는 곳에 나와 함께 있어' 아버지께서 창세 전부터 나를 사랑하시므로 내게 주신 나의 영광을 그들로 보게 하시기를 원하옵나이다 (요 17:24).

우리는 단지 그 영광을 바라보기만 하는 것으로 끝나지 않을 것이다. 그 영광을 목격할 뿐만 아니라 오히려 함께 나누게 될 것이다. 예수님이 우리가 그분과 함께 있기를 원하신다는 사실은 단순히 달콤하고 감상적인 위로를 전달하는 말이 아니라 실제로 역사하고 이루어질, 영원한 것에 대한 선포다. "나 있는 곳에 너희도 있게 하리라." 예수님의 열망과 능력이 이 안에 들어 있다.

바울은 빌립보서 1장 23절에서 이렇게 말했다. "차라리 세상을 떠나서 그리스도와 함께 있는 것이 훨씬 더 좋은 일이라." 천국에 있는 것은 그리스도와 함께 있는 것이다. 예수님은 "우리를 위하여 하나님 앞에 나타나시기"(히 9:24) 위해 하늘로 가셨다. 예수님은 죽음의 신비와 사역, 중보의 영광을 통해 친히 우리를 위해 처소를 예비하신다. 그리고 그 처소를 위해 우리를 준비시키신다.

예수님은 천국에서 하나님의 능력이 예수님을 높일 수 있는 가장 높은 곳으로 올라가셨다. 사도는 높이 들린 예수님의 위엄을 다음과 같이 선포했다.

> 그의 힘의 위력으로 역사하심을 따라 믿는 우리에게 베푸신 능력의 지극히 크심이 어떠한 것을 너희로 알게 하시기를 구하노라 그의 능력이 그리스도 안에서 역사하사 죽은 자들 가운데서 다시 살리시고 하늘에서 자기의 오른편에 앉히사 모든 통치와 권세와 능력과 주권과 이 세상뿐 아니라 오는 세상에 일컫는 모든 이름 위에 뛰어나게 하시고 또 만물을 그

의 발 아래에 복종하게 하시고 그를 만물 위에 교회의 머리로 삼으셨느니라 교회는 그의 몸이니 만물 안에서 만물을 충만하게 하시는 이의 충만함이니라 (엡 1:19-23).

그분을 누릴 시간이 점점 다가오고 있다

합법적인 영광의 가장 높은 위치에 그분이 계신다. 그리고 우리는 영원한 세상의 모든 광채와 특권을 입고 그분의 동역자가 될 것이다. 하나님은 신성한 장엄함으로 예수께 면류관을 씌우고 높이 들어 올리시며 영화롭게 하셨다. 그리고 바로 그 한없는 장엄함으로 아들은 하늘의 무한한 부요함을 영화롭게 된 그분의 백성들에게 베풀어주신다.

예수님이 세상에 가장 놀라운 방식으로 찾아오신 것과, 비교할 수 없는 수치와 고난 속에서 우리를 위해 하신 일은 그분이 다른 세상에서 우리를 위해 하실 경이롭고도 말로 표현할 수 없는 일들을 비추는 거울과 같다. 물론 그것은 희미한 거울일 뿐이다. 예수께서 여러 가지로 제한을 받으셨던 이 세상과는 달리 천국에서는 그분의 능력이 더 크고 조건들은 더 은혜롭기 때문이다. 천국 생활의 물질적인 축복과 환경이 어떤 것일지 우리는 알 수 없다. 그러나 우리는 그것이 가장 순수하고 더할 수 없이 절묘하고 아름다울 것이라는 사실은 확신할 수 있다.

천국에 대해 우리가 끊임없이 기억해야 할 사실 한 가지가 있다. 바로 예수님이 천국에서 우리와 함께 계실 것이고, 가장 풍성하고 가장 좋은 천국의 양식으로 양을 먹이는 목자처럼 우리를 섬겨주실 것이라는 점이다. 예수님은 축복과 지식, 빛이라는 새롭고 살아있는 샘으로 우리를 인도하신다. 예수님을 모실 때 모든 행복과 완전함, 모든 선함이 우리와 함께한다. 그분의 얼굴에 얼마나 위대한 아름다움이 있는가! 그분의 성품 안에 들어보지 못한 부요함이 얼마나 풍성한가! 그분의 다함없는 축복은 영원을 지나면서도 다 보여줄 수 없을 정도다.

그리스도의 사랑에 사로잡힌 자들은 그분에게서 비교할 수 없고 묘사할 수 없는 매력을 느낀다. 풍부한 은사를 지닌 성도, 사무엘 러더퍼드는 감옥에 갇혀 있는 동안 자신의 놀라운 은사로 주님의 아름다우심을 표현했다. 예수님과 그분의 사랑스러움을 깊은 사랑 속에서 시로 표현한 것이다.

죽음과 천국의 이편에서도 그리스도 안에서 그토록 많은 것을 발견할 수 있다니! 지금껏 나는 이런 것들을 전혀 알지 못했다. 오, 그리스도로부터 떨어지는 이 세상의 작은 이삭들을 통해서도 이처럼 황홀한 기쁨을 누릴 수 있다!

추방당해 감옥에 갇혀 있던 러더퍼드가 예수 그리스도를 통해 그토록 엄청난 기쁨을 누렸다면, 천국에 있는 자들은 얼마나 더욱 그러하겠는가! 영화롭게 된 자들이 그분의 성품을 맛볼 때, 도저히 묘사할 수 없는 아름다움이 그들의 영 안으로 밀려든다. 그러한 천국이 얼마나 놀라운 곳이겠는가!

그런 예수가 우리에게 계시기 때문에, 천국이 그토록 사랑스럽다. 아무리 강조해도 지나치지 않는 얘기다. 천국이 그토록 기다려지는 이유는 그곳에 예수께서 계시기 때문이다. 천국에 갈 시간이 다가올 때 우리 영혼은 기쁨으로 가득 찬다. 그 순간이 예수님을 뵐 때이기 때문이다. 예수님을 만날 시간, 예수님을 누릴 시간, 그분을 영원히 누릴 시간이 다가오고 있다.

천국은 찬란함으로 타오르며 빛을 발할 것이다.

그러나 천국보다 더 밝게 빛나는 이들이 있으니

바로 성도들이 영광 속에서 빛날 것이다.

그리스도가 성도들에게 옷을 입히시리니

구주의 아름다움이 모든 눈을 멀게 할 정도로 눈부시게 만들 것이다.

면류관을 씌워주시는 날, 그 날이 점점 다가오고 있나니

우리의 고통은 그 날에 모두 끝이 날 것이다.

우리는 더 이상 죄를 짓지도 한숨 짓지도 않으리.

슬픔은 모두 뒤에 남겨 두고

우리 앞에는 오직 기쁨만이 있을 뿐

우리가 구속자에게 가까이 나아갈 때

그분 안에서 오직 기쁨만을 누리리.

면류관을 씌워주시는 날, 그 날이 점점 다가오고 있나니.

육체의 눈은 천국과 천국의 영광을 볼 수 있는 능력이 없고

육체의 귀는 그것을 들을 수 있는 능력이 없으며

육체의 마음은 그것을 이해할 수 있는 능력이 없다.

그러나 천국에서는 눈과 귀, 마음이 그 모든 것을 할 수 있는

능력을 갖추게 된다.

그렇지 않다면 어떻게 우리가 천국에 있는 것들을 누릴 수 있겠는가?

시력이 더 완전해질수록 아름다운 대상은 더 많은 기쁨을 주게 될 것이다.

식욕이 더 완전해질수록 음식은 더 달콤한 맛을 낼 것이다.

귀가 음악을 더 잘 듣게 될수록 아름다운 선율은 더 많은 즐거움을 줄 것이다.

영혼이 더 완전해질수록 천국의 기쁨은 더 많은 기쁨을 줄 것이고

천국의 영광은 더 영광스러운 것이 될 것이다.

리처드 백스터(Richard Baxter)

5. 성령은 우리를 천국과 결합시키신다

우리의 맛보기요, 담보가 되시는 성령

우리 안에 계신 성령님을 '천국의 보증'이라고 말한다. 보증은 담보이고 미리 맛보는 것이다. 그렇듯이 성령님은 천국에 대한 확신이다. 성령님은 천국의 사실과 맛, 천국을 향한 능력과 야망, 수고를 새롭고 강력하게 끊임없이 우리 마음 안에 넣어 주신다.

여러분도 그리스도 안에서 진리의 말씀 곧 여러분을 구원하는 복음을 듣고서 그리스도를 믿었으므로, 약속하신 성령의 날인을 받았습니다. 이 성령은, 하나님의 소유인 우리가 완전히 구원받을 때까지 우리의 상속의 담보이시며, 우리로 하여금 하나님의 영광을 찬미하게 하십니다. (엡 1:13-14, 새번역)

우리를 너희와 함께 그리스도 안에서 굳건하게 하시고 우리에게 기름을 부으신 이는 하나님이시니 그가 또한 우리에게 인치시고 보증으로 우리 마음에 성령을 주셨느니라 (고후 1:21-22).

이 위대한 본문들은 성령님이 우리 안에서 천국에 대한 지식과 체험을 형성해 가실 때 그분이 하시는 사역이 무엇인지 보여준다. 성령은 천국을 향한 열망과 천국의 거룩함, 천국의 갈망과 모습 등 모든 점에서 우리를 빚어 가신다.

우리가 성령님의 온전한 능력 안에서 살아간다면 천국의 음악과 소망이 우리 삶을 가득 채우고 달콤하게 할 것이다. 얼마나 황홀케 하는 기대감인가! 얼마나 "말할 수 없는 영광스러운 즐거움"(벧전 1:8)인지! 그 즐거움이 우리가 살아가는 나날과 죽음에 이르는 나날들을 찬란히 빛나게 할 것이다! 성령님의 능력은 천국에 대한 우리의 믿음을 견고케 하고 천국에 대한 우리의 생각을 일깨워준다. 성령님의 강력한 역사를 통해 천국은 확실하고 고결하며 영광스런 사실이 된다.

성령님의 능력은 선한 세상을 향해 길을 갈 수 있게 우리를 이끈다. 성령님은 우리 안에 천국을 향한 갈증을 일으키신다. 그분은 우리에게 끊임없이 천국을 맛보고 바라보게 해주신다. 마침내 다른 것이 모두 그 맛을 잃고, 다른 모든 시선이 지루하고 둔감하게 될 때까지 그렇게 하신다. 성령님은 우리에게 천국 화음을 들려주신다. 그것에 비한다면 이 땅의 모든 곡조는 불협화음일 뿐이다.

성령님의 능력은 우리를 천국과 결합시킨다. 바로 그곳에 예수님이 계시기 때문이다. 우리는 천국을 사랑해야 한다. 천국에 대해 생각해야 한다. 천국을 갈망해야 한다. 예수님이 천국의 중심이고 영광이기 때문이다.

강력하고 지속적으로 성도들에게 감동을 주시고, 그들

을 죽음에서 깨우며 천국을 향한 그들의 열정과 사랑을 키워주시기 위해, 성령님은 천국을 움직이시고 또한 여기선 들어본 적도 없는 여러 가지 선(善)을 사용하신다. 성령님은 천국을 우리 안에 심으신다. 하나님이 우리에게 보내신 성령님 자체가 소유권과 보장에 대한 하나님의 증표다. 하나님의 권한이 우리 위에 있는 것이다.

여기서 우리는 그분이 인을 치신 과정 – 그 조건이나 중요성, 나타날 완전한 결과 – 을 살피는 것이 아니다. 장래와 영원한 것들에 대한 보증이 되시는 그분의 능력에 대해 생각하고 있다.

성령님은 우리에게 천국의 보증이다. 보증은 계약서가 신실하고 온전하게 수행될 것이라는 담보를 의미한다. 보증은 약속된 것의 일부다. 때가 되면 전체를 받게 되리라는 사실에 대한 분명한 보장이다. 하나님은 때가 차면 온전한 천국을 주실 것에 대한 담보로 성령님을 통해 천국의 일부분을 우리에게 주신 것이다. 성령님은 우리에게 천국을 미리 맛보게 하시는 동시에 천국의 담보가 되신다.

성령님은 우리 안에 거하시며 우리 안에 천국을 넣어주

신다. 천국을 향한 우리의 모든 경험과 몸부림, 갈망과 열망은 성령님의 능력으로 된 것이며 그분이 임재하신다는 확실한 증거다.

그러므로 우리 안에 천국의 심령이 없고 천국을 향한 열망이 없다면 우리 안에 성령도 계시지 않은 것이다. 하나님은 성령님을 통해 우리를 천국에 합당한 자로 빚어 가신다. 성령님을 통해 우리 안에 하늘의 생각과 형상을 심어주시는 것이다.

내주하시는 성령님은 우리를 땅과 점점 더 멀어지게 하고 점점 더 천국을 닮은 자로 만드신다. 성령님은 소망을 천국의 가장 밝은 광채로 자라가게 하신다. 그리고 성도가 "환난 중에도 즐거워하며"(롬 5:3) "하나님의 영광을 바라고 즐거워 할" 수 있게 능력을 주신다.

천국을 향해 힘써 나아가라

바울은 성령에 사로잡혀 천국을 향해 나아갔다. 그 과정에서 불굴의 노력과 수고로 이 세상을 살아가던 바울은 잠시 가던 걸음을 멈추고 천국과 예수님에 대한 충성의 마음을 기록했다. 바울에게 있어 천국에 대한 충성심과 예수님에 대한 충성심은 같은 것이었다. "내가 그 둘 사이에 끼었으니 차라리 세상을 떠나서 그리스도와 함께 있는 것이 훨씬 더 좋은 일이라"(빌 1:23).

바울은 이처럼 온 마음을 다해 천국을 향했다. 그는 항상 "담대하여 원하는 바는 차라리 몸을 떠나 주와 함께 있는 그것"(고후 5:8)이라고 고백했다. 바울은 계속해서 천국을 향해 나아가고 있었다.

> 형제들아 나는 아직 내가 잡은 줄로 여기지 아니하고 오직 한 일 즉 뒤에 있는 것은 잊어버리고 앞에 있는 것을 잡으려고 푯대를 향하여 그리스도 예수 안에서 하나님이 위에서 부르신 부름의 상을 위하여 달려가노라 (빌 3:13-14).

바울은 썩지 않는 면류관을 놓치지 않기 위해 항상 자신의 몸을 복종시키고 절제했다(고전 9:25 참조). 선한 싸움을 싸우고 달려갈 길을 마치며 믿음을 지킨 바울은, 인생의 마지막 순간을 맞아 네로의 도끼 아래에서도 변함없이 빛나는 천국의 면류관을 온전히 바라볼 수 있었다.

그리스도인의 성품을 빚어내고 이 땅의 것이 아닌 하늘의 아름다움과 온전함으로 자라가게 하는 것이 바로 천국에 대한 생각과 지식과 소망이다. 영원한 생명으로 들어가라는 주님의 엄격한 요구를 들어보라. 예수 그리스도께서는 그 누구보다 엄격하게 자기를 따르던 사람들에게 이렇게 요구하셨다. 그분의 어조는 분명했고, 그 말빛깔은 끔찍하기까지 했다.

> 만일 네 손이 너를 범죄하게 하거든 찍어버리라 장애인으로 영생에 들어가는 것이 두 손을 가지고 지옥 곧 꺼지지 않는 불에 들어가는 것보다 나으니라 (막 9:43).

성경은 천국을 상이라는 용어로 표현한다. "하늘에서 너희의 상이 큼이라"(마 5:12). 그것은 그리스도가 핍박 받고 비난 받는 제자들에게 하신 말씀이다.

요한계시록도 동일하게 말한다. "보라, 내가 속히 오리니 내가 줄 상이 내게 있어 각 사람에게 그가 행한 대로 갚아 주리라"(계 22:12). 상은 일한 것에 따라 합당하게 지불되는 몫이다. "인자가 아버지의 영광으로 그 천사들과 함께 오리니 그 때에 각 사람이 행한 대로 갚으리라"(마 16:27).

> 그날 가장 격렬한 폭풍이 일어나게 해보라.
> 비바람이 땅과 하늘을 뒤섞게 하라.
> 어떤 죽음의 난파도 나는 두려워하지 않으리라.
> 내 모든 보물을 온전히 갖고 있을 것이니.
> 나의 예수님, 당신이 여전히 가까이 계시다면
> 저는 즐거움 속에서 삶을 살고 기쁨 속에서 죽을 수 있습니다.
> 사라져 버리는 헛된 위로가 모두 떠나버릴 때도 저는 여전히 안전할 것입니다.
> 당신 안에서 헤아릴 수 없이 많은 세상을 발견할 것이기 때문입니다.
>
> _필립 도드리지

A Place called Heaven

천국에서도 우리는 이 세상에서 지녔던 몸의 요소들을 갖게 될 것이다.

우리는 지금 물이 담긴 그릇 속의 물고기와 같다.

물고기는 물이 있는 곳에서만 살 수 있듯이,

이 땅에서 우리는 공기가 있어야만 숨을 쉴 수 있다.

그러나 시온 산 위로 부는, 생기를 주는 달콤한 바람에 비한다면

그것은 아무것도 아니다!

이 땅에서 우리는, 어둠을 몰아내고 얼어붙지 않도록

온기를 주는 따뜻한 햇살을 갖고 있다.

그리고 천국에 이르러 우리는 온전한 빛 가운데서 살게 될 것이다.

그리고 그 빛의 온기로 다시 살아나고 소생될 것이다.

리처드 백스터

6. 자신이 천국 사람인지
이렇게 분별하라

　천국은 장소일 뿐만 아니라 하나의 상태다. 외적인 모습이 어떠하든지, 아무리 눈에 황홀하고 귀에 매력적이든지, 맛과 감촉에서 어떤 기쁨을 주든지, 어떤 환희를 느끼게 하는 황홀한 장면이든지, 어떤 만족스런 소리로 귀를 즐겁게 하는 것이든지 그런 것들이 천국의 매력을 발하는 주된 원천들은 아니다. 오히려 천국은 어떤 상태를 말한다. 그것은 왕노릇하고 높이 고양되며 해방을 누리는 상태다.

　천국은 자유다. 오래되고 낡고 짐스러운 많은 것은 뒤에 남겨 두고 이제 새롭고 낯설며 경이로운 많은 것이 천국에서 우리를 기다릴 것이다. 천국에선 완전한 지식을 갖게 될 것이다. 그때 하나님이 우리를 아시고 우리가 서로를 알게 되듯이 우리도 하나님과 우리 자신, 다른 사람들을 알게 될 것이다. 하나님은 이 세상에서도 우리를 완전하게 아신다. 그러나 우리는 그곳에서 하나님과 모든 것을 완전하게 알게 될 것이다.

> 우리는 부분적으로 알고 부분적으로 예언하니 온전한 것이 올 때에는 부분적으로 하던 것이 폐하리라 내가 어렸을 때에는 말하는 것이 어린 아이와 같고 깨닫는 것이 어린 아이와 같고 생각하는 것이 어린 아이와 같다가 장성한 사람이 되어서는 어린 아이의 일을 버렸노라 우리가 지금은 거울로 보는 것 같이 희미하나 그 때에는 얼굴과 얼굴을 대하여 볼 것이요 지금은 내가 부분적으로 아나 그 때에는 주께서 나를 아신 것 같이 내가 온전히 알리라 (고전 13:9-12).

우리가 모든 것을 완전하게 아는 이러한 상태는 얼마나

은혜로운 혜택을 누리는 상태겠는가! 모든 비밀이 드러나게 될 그 높고 완전한 상태에서, 우리 앞에는 천국과 땅, 지옥의 모든 것들-그 높이와 깊이와 넓이와 길이 즉 모든 것-이 다 열린다.

죄에서 벗어나 그리스도의 종으로 살아가는가?

로마서 6장에는 천국에 대한 핵심적인 언급이 나온다. "그러나 이제는 너희가 죄로부터 해방되고 하나님께 종이 되어 거룩함에 이르는 열매를 맺었으니 그 마지막은 영생이라"(롬 6:22). '해방된다'는 것은 벗어난다는 말이다. 이 말씀에서 두 가지 행위가 나오는데, 하나는 죄에서 해방되는 것이고 다른 하나는 하나님의 종이 되는 것이다. 죄악을 혐오하고 죄에서 완전히 벗어나는 태도와 하나님께 철저히 종이 되는 태도는, 하나님이 통치하고 죄가 완전히 제거된 마음 안에서 거룩함의 열매를 맺는다. 천국에선 유업과 권리를 통해 그런 마음의 상태와 성품을 덧입게 된다.

한 성도에게 두 가지 투쟁, 즉 죄에서 벗어나고 하나님에게 전적으로 헌신하는 일이 있다면 그에게는 진정한 천국의 생명이 있다는 방증이 된다.

어떻게 내가 죄에서 벗어날 수 있는가? 어떻게 하나님께 철저히 헌신할 수 있는가? 이런 질문들은 거룩한 사람들의 마음을 사로잡아왔고 또한 자주 혼란스럽게 했던 질문들이기도 하다. 사람들은 여러 한계들을 바로잡으려고 이론적인 명제를 명확히 하는 일에 많은 공을 들여왔다. 미얀마에서 사역하는 어느 장로는 다음과 같이 말했다.

사도들의 서신에서 나는 그들이 동료 그리스도인들과 자신들을 죄에 대해서는 죽은 자들로, 또한 그리스도와 함께 죽어 묻힌 자들로 말한다는 것을 알게 되었다. 우리는 죽은 자들이다. 우리의 생명은 "그리스도와 함께 하나님 안에 감추어졌다"(골 3:3). 그들은 육체와 함께 정욕과 탐심을 십자가에 못 박았다. 그들의 옛 사람은 그리스도와 함께 십자가에 못 박혔고 그 결과로서 죄에 대해 죽었다. 그리고 이제 죄에서 벗어나 자유롭게 되었다. 그들은 더 이상 죄를 짓지 않는다. 하나님에게서 새롭게 태어났기 때문에 더 이상 죄를 짓지 않는다. 그들은 죄를 지을 수가 없다. 그들은 세상을 이겼다. 세상은 그들에 대해 십자가에 못 박혔고 그들은 세상에 대해 못 박혔다.

성경은 우리가 그것을 갈망하고 구해야 할 뿐만 아니라 이미 얻은 것이라고도 말씀한다. "너희가 죽었고"(골 3:3). "육체와 함께 그 정욕과 탐심을 십자가에 못 박았느니라"(갈 5:24). "옛 사람과 그 행위를 벗어버리고"(골 3:9). "죄에서 벗어나"(롬 6:7). "죄를 그쳤음이니"(벧전 4:1).

얼마나 많은 사람이 비슷한 질문들을 해왔는지 모른다. 우리는 한 가지는 확신할 수 있다. 그리스도인이라면 어떤 세대나 나라를 불문하고 신약에서 그리스도인이 얻었다고 선포한 경험과 태도를 자기 것으로 삼아 누릴 수 있다는 것이다.

거룩함을 주제로 한 책들이 우리에게 전부 빛을 주는 것은 아니다. 오히려 어떤 이론들은 우리의 혼란을 더 키울 뿐이다. 그러나 우리 앞에 있는 성경과 열려 있는 기도의 문, 성령님의 비추심과 능력이 주어진다면 개인적인 체험을 통해 우리는 이 질문을 해결할 수 있다.

우리는 하나님이 주신 신학적인 선언을 마음속 깊이 간

직해야 한다. "너희가 죄로부터 해방되고 하나님께 종이 되어"(롬 6:22). 그것이 바로 하나님의 충만한 은혜와 그리스도의 피, 성령의 능력과 믿음을 통해 죄에서 완전히 해방되는 것이고 하나님에게 완전히 종이 되는 것이다.

거룩함에 이르는 열매가 있는가?

하나님은 "우리 가운데서 역사하시는 능력대로 우리가 구하거나 생각하는 모든 것에 더 넘치도록 능히 하실"(엡 3:20) 분이다. "믿는 자에게는 능치 못할 일이 없느니라"(막 9:23). "자기 아들을 아끼지 아니하시고 우리 모든 사람을 위하여 내주신 이가 어찌 그 아들과 함께 모든 것을 우리에게 주시지 아니하겠느냐?"(롬 8:32).

하나님은 우리가 기도를 통해 그리스도 안에 있는 모든 것을 소유할 수 있도록 그리스도 안에서 우리에게 모든 것을 주셨다.

우리는 "하나님의 모든 충만하신 것으로 충만하게"(엡 3:19) 되어야 한다. 그분은 우리에게 모든 은혜를 넘치도록 능히 주실 수 있는 분이다. 우리가 "모든 일에 항상 모든 것이 넉넉하여 모든 착한 일을 넘치게"(고후 9:8) 하려는 이유에서다. 하나님은 "모든 선한 일에 너희를 온전하게 하사 자기 뜻을 행하게 하시고 그 앞에 즐거운 것을 우리 가운데서 이루실 수 있는"(히 13:21) 분이다. 그렇게 할 때 우리는 "하나님의 모든 뜻 가운데서 완전하고 확신 있게 설 수 있다"(골 4:12).

은혜에 대한 이 놀라운 성경의 말씀들은 우리가 죄에서 어떻게 자유롭게 되고 어떻게 철저히 하나님에게 헌신할 수 있는가에 대한 질문에 온전한 답을 준다.

"거룩함에 이르는 열매"(롬 6:22)는 천국을 위한 전제이며 절대적으로 필요하다. 거룩함이 없이는 어느 누구도 주님을 볼 수 없기 때문이다(히 12:14 참조). 거룩함은 천국의 필수적이고 변경할 수 없으며 영원한 조건이다. 거룩하신 하나님, 거룩하신 예수님, 거룩한 천국은 천사들뿐 아니라 사람들에게서도 거룩함을 요구한다.

> 이기기를 다투는 자마다 모든 일에 절제하나니 그들은 썩을 승리자의 관을 얻고자 하되 우리는 썩지 아니할 것을 얻고자

하노라 그러므로 나는 달음질하기를 향방 없는 것 같이 아니하고 싸우기를 허공을 치는 것 같이 아니하며 내가 내 몸을 쳐 복종하게 함은 내가 남에게 전파한 후에 자신이 도리어 버림을 당할까 두려워함이로다 (고전 9:25-27).

이 말씀에서 강조하고 있는 천국의 가치는 바로 절제다. 절제란 엄격한 자기 부인의 법 아래에서 자기를 통제하고 다스리는 것을 말한다.

"내가 내 몸을 쳐." 이 표현은 얼굴을 세게 치는 것을 뜻한다. 검푸른 피멍이 들 정도로 세게 쳐서 스스로를 통제하고 몸을 복종시키는 것이다. 사도는 혹독한 훈련뿐만 아니라 자신이 누리고 만족을 얻었던 모든 것을 부인하는 것에 많은 시간을 보내는 운동선수들을 예로 들며 절제의 필요성을 강조했다. 운동선수들의 훈련과 절제, 엄격한 자기 부인으로 절제라는 덕목을 친숙하면서도 강력하게 제시하고 있다.

사도는 천국에 대해 말하고 있었다. 그러나 우리는 인간 본성의 더 높은 영역들에서 뿐만 아니라 그리스도인의 육체적인 욕구라는 측면에서도 이 절제를 훈련해야 한다. 매일, 매순간 절제를 적용하고 훈련하는 것은 그리스도인의 삶을 살아가는 데도 필수적이다. 몸은 우리가 싸워야 할 대상이다. 몸이 사탄의 유혹, 특별히 자기 탐닉이라는 유혹을 받는 중심지이기 때문이다.

교만과 오만함, 자기를 추구하려는 욕구를 억제하고 끊는 것은 바로 자기 통제를 통해 이루어진다. 육체와 영혼은 자기 통제라는 천국을 향한 경주의 법칙에 복종해야 한다. 어느 누구도 이 법칙에서 벗어나선 안 된다.

사도는 다른 곳에서 다음과 같이 선포했다. "경기하는 자가 법대로 경기하지 아니하면 승리자의 관을 얻지 못할 것이며"(딤후 2:5). 경주가 끝난 뒤에 승리자들은 규칙을 올바르게 지켰는지 아닌지를 점검 받는다. 만일 규칙을 제대로 지키지 않았다면 상을 박탈당했다.

천국을 향한 경주에서 우리가 지켜야 할 법은 이러한 자기 통제다. 그것이 없다면 천국을 향한 경주에서 성공인 것처럼 보였던 것들도 결국엔 모두 헛된 것으로 드러난다.

하나님이 우리를 완전히 소유하셨는가?

천국은 대속을 온전하게 하고 값주고 사신 것을 완전하게 만든다. 소유권을 완벽하게 하고 보증을 확실한 것으로 만든다. 이 땅에서도 우리는 온전한 천국을 미리 맛볼 수 있다. 이 땅에서도 우리는 성령의 임재를 통해 "말할 수 없는 영광스러운 즐거움으로 기뻐한다"(벧전 1:8). 이 땅에서도 우리는 "항상 기뻐한다"(살전 5:16). 우리는 천국에서 그러한 기쁨의 복을 누리겠지만 이 땅에서도 순종해야 할 명령인 것이다.

천국은 완벽한 안식의 장소요 상태다. 그러나 이 땅에서는 성령을 통해 평강이 다스린다. 우리의 평강은 "강과 같이"(사 48:18) 흐른다. "하나님의 평강이 그리스도 예수 안에서 너희 마음과 생각을 지키시리라"(빌 4:7). 이것은 천국에서 누릴 평강의 예표요 그 시작이다. 이 세상에서 우리가 누리는 하나님나라는 "성령 안에 있는 의와 평강과 희락"(롬 14:17)이다. 다음 세상에서 우리가 누리게 될 하나님나라는 완전한 의와 평강과 희락이 될 것이다.

"이 영께서는 값 주고 사신 그 소유물이 구속을 받기까지 우리의 상속 유업의 보증이 되사 그분의 영광을 찬양하게 하시느니라"(엡 1:14, 흠정역). 이 말씀을 다른 번역본에서는 이렇게 옮긴다. "우리 속에 성령께서 임재하시는 것은 하나님께서 우리에게 약속한 모든 것을 실제로 주신다는 보증입니다"(현대어성경). 하나님은 성령을 통해 우리를 소유하신다. 그것은 하나님이 우리에 대한 소유권을 취하심으로써 이루어진다. 하나님이 채우고 소유하며 통제하고 주인이 되시도록 우리 자신을 내어드릴 때 이것이 실재로써 이루어지는 것이다.

하나님은 우리에 대해 무한한 권위와 완전한 최고 통제권을 가지셔야 한다. 그것은 이 세상을 다스리는 하나님의 법칙이다. 또한 천국에서의 하나님의 통치를 미리 보여주는 전조이자 보증이다. 천국은 우리에게 하나님을 가장 완전히 소유할 수 있도록 해줄 것이다. 그리고 하나님께 우리에 대한 가장 온전한 소유권을 드릴 것이다. 이 세상에서라도 천국은 하나님에게 속한 자들만이 누리는 곳임을 알 수 있다.

하나님의 말씀은 가난이라는 불행과 범죄의 저주가 결

코 침투할 수 없는 나라를 보여준다. 여기서 아무리 극빈한 삶을 살았더라도, 또한 십자가에서 자기 죽음을 경험한 사람일지라도 그들의 성품에 어떠한 상처나 흔적도 남지 않는 그런 곳이다. 천국은 이 땅에서 멸시 받고 외면당한 자들로 구성되어 있다. 성경은 천국에서 발견하게 될 성품들을 다음과 같이 묘사한다.

> 또 어떤 이들은 조롱과 채찍질뿐 아니라 결박과 옥에 갇히는 시련도 받았으며 돌로 치는 것과 톱으로 켜는 것과 시험과 칼로 죽임을 당하고 양과 염소의 가죽을 입고 유리하여 궁핍과 환난과 학대를 받았으니 (이런 사람은 세상이 감당하지 못하느니라) 그들이 광야와 산과 동굴과 토굴에 유리하였느니라 (히 11:36-38).

하나님의 놀라운 은혜는 이 땅에서 조롱과 핍박 당하고 추방과 배척을 당한 자들도 성도와 불사조로 만든다! 거지 나사로와 믿음 있는 모든 거룩한 걸인들은 그러한 간구로 믿음의 비밀을 배웠다. 이 땅의 심판으로 십자가에서 죽임

당한 강도가 천국에서는 우리 주님과 얼마나 경이로운 교제와 연합을 누리는지! 구속의 능력은 이 땅에서 거부당한 자들을 천국에서 영광스런 자들로 만든다. 주님은 낙원에서 거지와 강도와 영광스런 교제를 나누신다! 나사로와 이 땅의 추방당한 자들을 자신의 친구 삼으심으로써 하나님은 자신의 영광과 아브라함의 명성을 더 크게 하셨다. 잘못된 평가와 억울한 평판, 세상의 상급이 그리스도가 계신 천국에서는 역전된다.

부자와 나사로의 비유에서 예수님은 지옥에 대한 두렵고 안타까운 교훈뿐만 아니라 천국에 관해서도 많은 것을 가르쳐주셨다. 모든 인간이 천국에 가는 것은 아니다. 물론 모든 인간이 천국에 갈 수는 있다. 그러나 그들 모두가 천국에 갈 것 같지는 않다. 지옥의 고통 속에서 눈을 들어 천국을 보았던 부자에게서 그 사실을 배운다.

천국은 이 세상의 부와 사회적 계급, 권력이 결코 영향을 미칠 수 없는 곳이다. 거지 나사로에게는 돈도 친구도 사회적인 영향력도 없었다. 나사로는 추방당했고 그를 위해 눈물 한 방울 흘려주는 이도 없이 땅에 묻혔다.

그런데 이 땅에서는 거지였던 나사로가 왕들의 나라, 그 이상인 곳으로 영접을 받았다. 천사들이 그를 수종 들었다. 이제 그는 부자요 "하나님의 벗"(약 2:23)인 아브라함의 친구요 동료가 되었다. 그러니 누가 천국을 이해할 수 있겠는가? 천국이라는 사회는 돈이 기초가 되지도 않고, 또 그것이 가져다줄 수 있는 뭔가에 기반한 곳이 아니다. 천국에서 순결한 성품을 가진 자는 다스릴 수 있지만 돈은 결코 그러지 못한다.

마음과 영혼을 가득 채우는 기쁨이 있는가?

천국을 묘사하기 위해 성경은 '영광'이라는 단어를 즐겨 사용한다. 영광은 특별히 천국을 위해 선택된, 가장 적합한 단어라고 할 수 있다. 영광은 절대적인 완벽함과 높이 들린 복된 상태라는 의미에서 광채와 밝음, 장대함, 탁월함, 걸출함, 위엄, 장엄함을 뜻한다.

천국은 행복한 상태다. 다른 곳에도 완전한 지식은 있겠지만 지복이란 없다. 성장하면서도 고통은 있다. 영광과 광채가 있지만, 마음에는 평안이 없을 수도 있다. 그러나 천국의 상태는 그 찬란함에 그림자를 드리우는 것이나 고통과 슬픔을 가져다주는 것이 전혀 없이 최고로 행복한 곳이다. 그곳에는 공허함이나 두려움, 염려가 전혀 없이 말로 표현할 수 없는 지극한 기쁨만이 존재한다.

천국에는 진정한 기쁨이 있다. 우리가 그 기쁨을 온전히 알 수는 없다. 그러나 어떤 무관심이나 곤고함도 그곳에 근접할 수 없다는 것만은 안다. 우리가 천국에 대해 맨 처음, 그것도 가장 강력하게 받는 인상은 그곳이 활기차고 역동적이라는 사실이다. 그 역동성이 너무나 강력하고 심오해서 잠시 끊어진다거나 전혀 기쁨을 느끼지 못하는 일은 상상조차 할 수 없을 정도다. 천국의 기쁨에는 가장 높고 가장 마음을 사로잡는 질서가 있다. 그것은 변덕스럽고 단발적인 기쁨도, 덧없는 환상도 아닌 마음과 생각과 영혼을 가득 채우는 기쁨이다.

어쩌면 우리는 부정적인 표현을 사용해서 이러한 천국의 기쁨이 무엇인지를 더 잘 이해할 수 있을 것이다. 즉 우리는 자기가 받을 유업을 통한 기쁨보다는, 벗어버릴 질병의 버거움이 얼마나 큰지를 통해 천국의 기쁨을 가늠할 수 있을 것이다.

어떤 질병도 없는 것. 그것이 얼마나 측량할 수 없는 복인지! 어떤 고통도 없는 것, 그것이 얼마나 끝없는 위로와 안식을 주는가! 천국에는 슬픔, 구름, 밤, 곤고함, 고통, 고뇌, 참회, 후회, 무덤, 한숨, 눈물, 슬픈 탄식, 상한 마음, 임종의 장면이나 죽어가는 모습도 없다. 그 지극히 복된 땅에서는 시체도 관도 영구차도 무덤도 결코 찾을 수 없다. 장례식에서 사람들이 눈물 흘리는 일도, 사람들이 슬퍼하며 천국 길을 지나갈 일도, 구름이 없는 대로를 따라 걸을 일도 없다. 이 땅의 행복을 파괴하는 이런 일들이 천국에는 결코 없다.

그런 일들이 없다는 사실만으로도 천국이 기쁨 가득한 곳이 되기에 충분하다. 그러나 또한 천국에는 적극적인 선이 있을 것이다. "주의 앞에는 충만한 기쁨이 있고 주의 오른쪽에는 영원한 즐거움이 있나이다"(시 16:11).

어떤 차디찬 바람도, 어떤 해로운 입김도
그 건강한 해안에는 다다를 수 없나니.

질병과 슬픔, 고통과 죽음을

더 이상 느낄 필요도, 두려워할 필요도 없으리.

언제쯤 그 행복한 곳에 이르게 될까?

언제쯤 그 영원한 복을 누리게 될까?

언제쯤 내 아버지의 얼굴을 보게 될까?

언제쯤 그분의 품속에서 안식하게 될까?

영혼은 영광스런 세상에서 다시 새로워진다.

몸은 예수 그리스도의 영광스런 몸을 따라 다시 빚어질 것이다.

몸과 영혼은 결코 깨뜨릴 수 없는 연합으로 다시 결합될 것이다.

그리고 파괴할 수 없는 달보다 더 선명하고 해보다 더 밝으며

천체의 모든 별보다 더 찬란히 빛날 것이다.

그리고 그분의 자녀들이 영원히 그분과 함께 다스릴 것이다.

거룩하지 않은 자는 결코 천국에 들어갈 수 없다.

설사 그가 천국에 들어간다고 해도

천국은 그에게 결코 복된 곳이 아닐 것이다.

그가 천국에 합당한 자가 아니기 때문이다.

천국에 거하는 자들의 본질은 그들이 거하는 천국에 합당해야 한다.

지옥도 마찬가지다. … 지옥에서는 악한 영들과 함께해야 한다.

악마의 본성을 가진 자들과도 함께해야 한다.

우리는 천국의 거룩한 시민들이 거룩한 영혼들과 형제 관계로

서로 연결되어 있음을 안다.

아담 클락(Adam Clarke)

7. 거룩하지 않으면 결코 천국에 들어갈 수 없다

끝까지 견뎌야 한다

다음의 말씀은 몸이 부활되고 천국을 위해 변화될 것이라는 바울의 주장을 잘 보여준다.

> 그러므로 내 사랑하는 형제들아 견실하며 흔들리지 말고 항상 주의 일에 더욱 힘쓰는 자들이 되라 이는 너희 수고가 주 안에서 헛되지 않은 줄 앎이라 (고전 15:58).

"견실하며"는 목적 안에서 요동치 않고 확고히 견디는 것을 뜻한다. 성경은 르호보암 왕에 대해 다음과 같이 말한다. "르호보암이 악을 행하였으니 이는 그가 여호와를 구하는 마음을 굳게 하지 아니함이었더라"(대하 12:14).

"하나님이여, 내 마음이 확정되었고 내 마음이 확정되었사오니"(시 57:7). 그것은 시편 기자의 마음이 천국을 향해 고정되었고 결코 움직일 수 없음을 뜻한다. 마음이 이미 천국에 가 있지 않은 자는 결코 천국에 들어갈 수 없다.

끝까지 견디는 것은 천국을 얻게 하는 은혜다. 우리는 천국을 항상 목적으로 삼고 늘 그것에 고정되어 있어야 한다. 이스라엘의 왕은 정복할 수 있는 권한을 잃어버리고 말았다. 땅을 대여섯 번을 쳐야 했지만 단지 세 번만 쳤기 때문이다(왕하 13:18-19 참조). 그는 치던 것을 도중에 멈추었기 때문에 정복할 권한을 놓쳤다. 우리 역시 끝까지 견디지 못한다면 천국을 놓치고 말 것이다. 연약한 마음, 지치고 곤고한 마음, 그리고 자포자기는 천국에 올라가지 못하게 막는 치명적인 장벽들이다. "우리가 선을 행하되 낙심하지 말지니 포기하지 아니하면 때가 이르매 거두리라"(갈 6:9).

천국을 얻으려면 힘이 있어야 한다. 강한 사람이 되어야 한다. 천국을 얻는 자들은 강하다. 세상을 살아가다보면 마음을 약화시키고 낙담케 하는 일을 많이 만난다. 그러나 천국을 얻기 위해 끝까지 붙잡고 나아가려면 결연하고 꿋꿋한 마음과 끝까지 견디는 용기, 꾸준히 밀고 나아가는 태도가 없으면 안 된다.

자아에 대해 죽어야 한다

자아에 대해 죽음으로써 우리는 천국을 얻는다. 바울은 "나는 날마다 죽노라"(고전 15:31)고 말했다. 바울은 자신의 죽음이 그리스도의 완전한 본을 닮기를 원했다. "그의 죽으심을 본받아"(빌 3:10).

> 내가 그리스도와 함께 십자가에 못 박혔나니 그런즉 이제는 내가 사는 것이 아니요 오직 내 안에 그리스도께서 사시는 것이라 이제 내가 육체 가운데 사는 것은 나를 사랑하사 나를 위하여 자기 자신을 버리신 하나님의 아들을 믿는 믿음 안에서 사는 것이라 (갈 2:20).

사도는 또한 이렇게 말했다. "그러나 내게는 우리 주 예수 그리스도의 십자가 외에 결코 자랑할 것이 없으니 그리스도로 말미암아 세상이 나를 대하여 십자가에 못 박히고 내가 또한 세상을 대하여 그러하니라"(갈 6:14).

우리는 십자가를 지고 천국으로 가는 길을 걸어야 한다. 우리가 천국을 향해 난 길을 가고 있다는 참된 징표는 바로 십자가다. 예수님이 십자가를 지셨듯이 그분의 참된 제자라면 모두 십자가를 져야 한다. 예수님이 우리를 죄에서 구원하기 위해 십자가에서 죽으셨듯이 우리도 죄에 대해 죽고 자아와 세상에 대해 죽어야 한다. 그것은 고통스런 죽음이다. 그러나 그것은 면류관을 씌워주는 죽음이다. 예수님이 십자가에서 하나님 아버지의 오른편으로 가셨듯이 우리도 십자가를 통해 예수님의 오른편으로 간다. 십자가의 수치가 없다면 면류관의 기쁨도 없다. 십자가의 죽음이 없다면 면류관의 생명도 없다. 십자가의 낮아짐이 없다면 보좌의 높아짐도 없다.

미쁘다 이 말이여 우리가 주와 함께 죽었으면 또한 함께 살 것이요 참으면 또한 함께 왕 노릇 할 것이요 우리가 주를 부인하면 주도 우리를 부인하실 것이라 (딤후 2:11-12).

우리를 천국 사람으로 준비시켜주는 은혜들

베드로후서 1장에는 천국에 합당한 은혜의 목록이 나온다.

그러므로 너희가 더욱 힘써 너희 믿음에 덕을, 덕에 지식을, 지식에 절제를, 절제에 인내를, 인내에 경건을, 경건에 형제 우애를, 형제 우애에 사랑을 더하라 (5-7).

사도는 우리의 구원을 위해 하나님이 얼마나 놀라운 것들을 공급해주셨는지 이렇게 적고 있다. "그의 신기한 능력으로 생명과 경건에 속한 모든 것을 우리에게 주셨으니 이는 자기의 영광과 덕으로써 우리를 부르신 이를 앎으로 말미암음이라 이로써 그 보배롭고 지극히 큰 약속을 우리에게 주사 이 약속으로 말미암아 너희가 정욕 때문에 세상에서 썩어질 것을 피하여 신성한 성품에 참여하는 자가 되게 하려 하셨느니라"(벧후 1:3-4).

여기에서 우리는 하나님이 우리를 위해 얼마나 귀한 것들을 주셨는지 본다. 하나님이 행하신 것 외에도 우리가 해야 할 몫이 있다. 즉 사도는 "너희가 더욱 힘써"(벧후 1:5)라고 말한다. 천국에 대한 모든 미덕 중에서도 근면함은 본질에 속한다. 계속해서 변함없이 인내하며 깊은 관심을 기울이는 노력이야말로 핵심적으로 중요한 미덕이다.

천국에 대해 진지하지 않다는 것은 중대한 범죄다. 그런 태도는 치명적이고 영원한 결과를 낳는다. 천국으로 가는 문턱에서 우리는 한 가지 사실에 직면하는데, 그것은 영생을 얻기를 원하는 자는 반드시 깊고 진지해야 하며 그 진지함을 가장 부지런하고 끈질긴 노력을 통해 표현해야 한다는 것이다. 천국을 향한 이 투쟁에서 모든 경주자는 처음부터 부지런해야 한다. 천국의 문 안으로 들어갈 때까지 게으름으로 영혼을 방치하는 일을 결코 용납해선 안 된다. 근면함이야말로 천국을 위해 우리를 준비시키기 위한 모든 은혜를 가져올 뿐 아니라, 우리를 완전하게 하는 데 반드시 필요한 덕목이다.

'믿음'은 최초의 은혜다. 그것은 영적인 건물 전체의 초석이다. 믿음은 예수 그리스도 위에 집을 짓는다. 이 초석 위에 집을 세우지 않는다면 우리가 세우는 어떠한 집도 쓸모없게 되고 결국은 무너지고 만다. 아무리 튼튼한 재료로 지은 집이라 해도 믿음이라는 기초 위에 집이 세워져 있지 않다면 눈과 비, 이슬과 서리, 공기와 햇살, 미풍이 그 집을 무너뜨리고 말 것이다. 모든 부지런함을 기울여 반드시 믿음의 초석 위에 영적인 집을 세워야 한다.

이 본문에서 '더하라'는 표현은 합창단의 인도자와 연관된 단어다. 합창을 완성하기 위해 필요한 모든 것을 제시하고 공급한다는 의미다. 우리는 믿음이라는 기초 위에, 천국 성품을 온전하고 조화롭게 하는 모든 것을 더해야 한다.

먼저 '덕'을 더해야 한다. 덕은 탁월한 자질이며, 모든 미덕이 결합된 모습으로 나타난다. 이 세상에서 덕은 활기와 힘, 능력을 의미한다. 특별히, 용기는 이러한 덕스러움을 잘 드러내주는 개념이다.

'지식'은 예수님과 하나님에 대한 총체적인 이해와 지성을 가르친다. 지식은 하나님의 진리를 지적으로 이해하고, 그 중요성을 철저히 깨닫는 것이다. 지식은 성령의 빛을 통해 성경을 읽을 때 얻는다. 우리는 예수님에 대해 알아갈 때 성령의 계시를 구해야 한다. 그렇게 해서 예수님을 점점 더 많이 알아가야 한다. "내가 그분의 죽으심과 일치하게 되어 그분과 그분의 부활의 권능과 그분의 고난에 참여하는 것"(빌 3:10, 흠정역)을 점점 더 많이 알아가야 한다. 지식은 능력이고 힘이며 빛이다. 우리는 신앙의 진리를 깊이 깨달아야 한다. 성경이 가르치는 것을 개인적으로 체득함으로 알아가며, 또한 성경에서 말하는 사실과 진리를 지적으로 이해하고 깨달아야 한다. 속사람 안에 있는 빛과 지혜가 매일 매일 증가하여 천국으로 들어가는 날을 준비시켜 주어야 한다.

그 다음에는 '절제'가 따라온다. 여기서 절제는 중독성이 있는 것들에 국한되지 않는다. 절제는 자기를 다스리는 것을 뜻한다. 우리는 지식을 통해 자신에 대해 배웠다. 그 지식에 근거하여 자기를 통제할 때 우리는 천국의 지혜라는 열매를 맺는다. 기질과 열정, 욕구와 갈망은 모두 절제라는 강력한 고삐가 제어해야 한다. 무절제함을 갖고는 결코 천국에 들어갈 수 없다. 욕구와 열정뿐만 아니라 갈망도 제어해야 한다. 인간은 돈, 사업적 성공, 쾌락에 대한 갈망 때문에 과도해질 수 있다. 우리는 하나님을 위해 스스로를 다스려야 한다. 그리고 천국을 위해 절제의 학교에서 훈련받아야 한다.

'인내'는 다른 은혜들과 결합해서 우리 안에서 그리스도인의 성품을 완벽하게 빚고 우리를 천국의 삶에 합당한 자로 만든다. 이 고상한 단어는 늘 용기의 지원을 받는다. 그리스도인이 속사람과 바깥 세상과의 갈등 속에서 자신을 괴롭히는 여러 방해와 핍박, 유혹에 맞서 싸워야 할 때 필요한 것이 바로 이 용기 있는 인내다. 결코 풀이 죽거나 낙담하지 않는 것, 결코 어리석게 하나님을 비난하고 원망하지 않는 것, 다른 사람들을 향해 성급하게 분을 품거나 보복하지 않는 것이 이 용감한 인내다.

'경건', 즉 하나님을 닮은 모습은 천국을 향해 달려가는 경주자로 하여금 천국의 분위기를 풍기게 한다. 이제 그는 더 이상 단순히 덕과 지식, 절제와 인내만을 추구하지 않는다. 그것들은 원리이고 사실이며 우리의 고삐를 잡아끄는

훌륭한 도구들이긴 하다. 그러나 이제는 거기서 더 나아가 어떠한 인격^a person으로 빚어지는 일을 추구한다. 그의 눈은 천국을 향하며 자신의 행위와 성품을 빚어나갈 본을 구한다. 그는 복음이라는 부드러운 곡조를 통해 율법이 말하는 것을 듣는다. "내가 거룩하니 너희도 거룩할지어다"(벧전 1:16). 하나님의 말씀이다. 천국을 향한 투쟁은 인류가 하나님을 닮으려고 몸부림치기 시작할 때 가장 빛나는 지점에 도달한다. 그것은 그가 이 땅과 맺은 어떠한 관계보다 더 높으며, 인간이 감당할 어떠한 의무보다도 더 고상하고 높은 의무다. 그는 하나님께 올라가는 것이다! 그는 하나님을 비추는 거울이 되기 위해 하나님의 완벽한 형상을 닮으려고 몸부림친다.

그는 하나님의 가족 안에 들어갔다. 그와 하나님과의 관계로 인해 그는 다른 사람, 온 인류와도 새로운 관계를 형성하게 되었다. 가족은 사랑을 먹고 자라며, 이 사랑의 교통으로 가족들은 서로 교제하고 친밀해진다. 이에 더해 이 땅의 교제와 친밀함은 천국의 교제와 친밀함을 닮아야 한다. 우리가 회심할 때 이러한 '형제 우애'를 통해 천국의 삶을 이루어나간다. 하나님의 가족 역시 천국과의 연합 안에서만 진정한 교제를 누릴 수 있다.

은혜는 사람들에게 허락된 천연적인 미덕들도 자기 것으로 삼는다. 오히려 은혜는 이런 덕들을 지켜주고 더욱 빛나게 한다. 그 덕들은 비록 완전하진 않지만, 연마되고 정제되어 가면서 우리의 인간성은 날로 아름답게 가꾸어진다. 하지만 은혜는 이러한 인간적인 다른 모든 미덕들과도 구분되며 우리를 그 모든 덕보다 더 높이 끌어올린다. 이런 면에 있어 은혜는 독보적이고 견줄 만한 것이 없다.

나보다 형제를 더 낫게 여기는가?

신앙이 행동으로 나타날 때만큼 아름답고 사랑스러운 때는 없다. 바울은 경건한 신앙심이 얼마나 아름다운지를 실제적으로 잘 표현해냈다. "형제를 사랑하며 서로 우애하고 존경하기를 서로 먼저 하며"(롬 12:10). 그것은 비싼 값을 치러야 하는 은혜다. 가장 귀한 보석들처럼 그것은 드물 뿐만 아니라 많은 수고와 대가를 들여야만 얻을 수 있다. 그것을 어디에서 발견할 수 있는가? 누가 그것을 본으로 보이셨는가?

그런 보석들은 하나님의 말씀에서 직접 찾을 수 있다. 성경의 거의 모든 페이지는 이런 보석들로 장식되어 있다. 우리의 실제 삶 속으로 그런 보석들을 옮겨오는 것은 정말 쉽지 않은 일이다. 우리는 타락했고 삶의 모든 방식들이 어느 정도 손상되어 있기 때문이다. 이 민감하고 희귀한 식물들이 낯선 땅에서 꽃을 피우고 향기를 퍼뜨릴 수 있도록 옮겨 심는 일에는 섬세함이 크게 요구된다.

하나님은 오직 우리의 신앙을 통해 이런 은혜들을 주신다. 질보다는 양으로 가치를 측정하는 오늘날의 급변하는 시대는 이런 섬세한 영적인 은혜들을 결코 흉내낼 수 없다. 이 은혜들이 하나님의 산물임을 보여주는 증거다. 그것은 인간성이라는 토양에서 나오는 조야한 덕을 초월한다.

이렇게 천국을 보여주는 은혜들은 보고 느껴야 한다. 물론 우리에게는 일상적인 기쁨과 은혜들이 있다. 그런 은혜들은 많은 대가를 치르지 않고도 얻을 수 있다. 하지만 신령한 은혜들은 그렇지가 않다. 신령한 은혜들은 무척이나 찾기 어렵다! 기독교는 가장 높은 본을 제시하면서 또한 그것에 따라 살아갈 수 있는 실제적인 예들을 제공해야 한다. 기독교의 영광은 여기에 있다.

"존경하기를 서로 먼저 하며." 이것은 면류관을 씌워주는 은혜라고 불러야 마땅하다. 다른 사람들을 우리와 나란히 있게 하는 것도 관대하고 은혜로운 행위다. 그러나 그들을 우리보다 앞세우는 일은 거룩한 행위다. 다른 사람들이 우리를 따라잡을 수 있도록 달리던 것을 멈추는 일도 친절하고 쉽지 않은 일이지만, 다른 사람들이 경주에서 우리를 앞서 나가 영예를 얻을 수 있도록 길을 비켜주는 것은 인간 본성을 초월하는 거룩한 행위다.

다른 사람들을 마음과 행동으로 우리보다 높이는 것이 우리로서는 당황스럽고 혼란스럽게 느껴진다. 그런 행동은 너무나 높은 차원으로 보인다. 그래서 우리는 절망으로 한숨을 쉰다. 우리 힘으로는 결코 그런 차원에 도달할 수 없기 때문이다. 그러나 믿음은 이렇게 말한다. "내게 힘을 주고 강하게 하시는 그리스도의 도움으로 나는 하나님께서 원하는 것을 다할 수 있다"(빌 4:13 참조). 자신의 면류관을 벗어서 다른 사람에게 씌워주는 것, 다른 사람을 위해 자신은 뒤로 물러서는 것은 혈과 육에는 고통스런 일이다. 누가 그것을 할 수 있겠는가?

하나님은 율법에서 우리에게 그렇게 하라고 명하신다. 그러나 신약의 법은 약속을 펼쳐 보이고 순종할 수 있도록 도우신다. 우리는 다른 사람들을 우리 앞에 놓아야 한다. 그것이야말로 우리의 자아를 완전히 정복하는 일이다. 그리고 그것은 우리에게 위대한 승리를 가져다 줄 것이다. 그것을 이룬 자는 천국으로 가는 문을 통과해 승리의 찬가를 부를 자격이 있다.

천국은 이런 자들의 것이다

우리는 실제로 그런 가르침을 배웠는가? 그 높이에 도달했는가? 그 은혜의 면류관을 받았는가? 존경하기를 서로 먼저 하는가? 우리를 다스리던 야망의 힘이 꺾였는가? 우리 안에서 세상을 사랑하는 마음이 파괴되고 자아가 십자가에 못 박혔는가? 이 거룩한 열매들을 맺기 위해서는 먼저 이 모든 것들이 죽어, 땅을 기름지고 풍성하게 해야 한다.

마치 하나님이 그분의 백성들에게 이렇게 말씀하시는

것 같다. "너희는 지치지 않는 부지런함과 열심을 통해 이 은혜들을 갖추고 성숙시켜라. 그러면 내가 천국을 너희에게 줄 것이다. 너희는 이 은혜들을 충만히 넘치도록 구하라. 그러면 내가 너희에게 천국에 들어오는 복을 넘치도록 줄 것이다." 그러므로 천국을 얻기 위해서 우리는 이 세상에서 이 풍성한 은혜들을 얻어야 한다. 천국은 하나님이 준비시킨 마음의 토양에서 자란다. 이런 천국의 미덕들을 따라갈 때 우리는 천국을 구하는 것이다.

베드로는 우리를 천국에 합당한 자들로 만드는 이 은혜들에 대해 다음과 같이 간절한 권면으로 결론을 맺는다.

> 이러한 성품들이 너희에게 있고 또 많아지면 그것들이 우리 주 예수 그리스도를 아는 지식 가운데서 너희를 지켜 게으르거나 열매없는 사람들이 되지 않게 할 것이다 (벧후 1:8 참조).

이런 천국의 특징들을 소유하지 못한다면 우리는 영원한 것들을 볼 수 없다. 천국과 천국에 대한 모든 것에 대해 근시안적인 사람이 되는 것이다. 또한 우리가 이미 얻은 것조차도 놓치게 된다. 만일 우리가 이 처음 단계에서 천국에 이르는 길로 인도하는 다음 단계들을 계속해서 '더해가지' 않는다면 우리가 받은 죄 용서는 아무런 소용없는 것이 된다.

다음 말씀을 보자. "믿음만 있으면 그만이라고 여기고 더 이상 아무 것도 추구하지 않는 사람은 장님이든지 심한 근시안입니다. 그런 사람은 하나님께서 주님을 위해 강하고 올바르게 살 수 있도록 죄에 물든 옛 생활에서 구원해 주셨다는 것을 까맣게 잊어버린 사람입니다"(벧후 1:9, 현대어성경). 사도는 우리에게 이미 얻은 것들로부터 뒷걸음질치면서 최후의 변절을 하지 않도록 막는 보호벽을 삼으려면 계속 부지런히 이런 은혜들을 더해가라고 요구했다. "그러므로 형제들아 더욱 힘써 너희 부르심과 택하심을 굳게 하라. 너희가 이것을 행한즉 언제든지 실족하지 아니하리라"(10).

그런 다음 사도는 부지런히 수고해서 천국에 대한 이 모든 거룩한 은혜들을 얻은 결과가 어떠한지를 보여준다. "이같이 하면 우리 주 곧 구주 예수 그리스도의 영원한 나라에 들어감을 넉넉히 너희에게 주시리라"(11). 그것을 다른 번역본은 이렇게 표현한다. "또한 여러분은, 우리의 주님이시며 구주이신 예수 그리스도의 영원한 나라에 들어갈 자격을 충분히 갖출 것입니다"(새번역).

거친 대홍수처럼 근심이여, 오라.

슬픔의 폭풍이여, 임하라.

나는 안전히 내 집에 이르리.

나의 하나님, 나의 천국, 나의 모든 것에 이르리.

그곳에서 내 지친 영혼을

천국의 안식의 바다 속에 담그리.

이제 어떤 고난의 파도도

내 평온한 가슴 위로 넘실거리지 못하리.

_아이작 와츠

하늘에서 내려오신 우리 둘째 아담이 획득하신 하늘의 낙원에 비한다면

에덴에 있었던 이 땅의 낙원이 과연 무엇이란 말인가?

천국은 획득한 소유물이다.

획득하신 분이 그것을 얻기 위해 어떤 값을 지불하셨는지를

우리 모두가 알고 있다.

천국을 획득하셨기 때문에 주님은 그 천국을 준비하기 위해 이 땅을 떠나셨다.

천국을 질서정연하게 정비하시고

그분의 능력과 기술을 부으시기 위해 가신 것이다.

오, 예수님이 그곳에서 만드실 곳이 얼마나 놀라운 곳이겠는가!

그렇다. 주님은 이미 천국을 만드셨다.

그리고 바로 그곳이 우리의 마음을 사로잡아야 한다.

네빈스(Nevins)

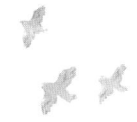

8. 천국은 우리가 주님을 얼마나 사랑하는가에 달려 있다

사도 야고보는 다음과 같이 말했다. "시험을 참는 자는 복이 있나니 이는 시련을 견디어 낸 자가 주께서 '자기를 사랑하는 자들'에게 약속하신 생명의 면류관을 얻을 것이기 때문이라"(약 1:12).

생명의 면류관이라는 위대한 상급을 받을 조건은 바로 사랑이다. 사랑의 중요성은 아무리 강조해도, 아무리 높이 평가해도 결코 지나침이 없다. 그리스도는 사랑이 도덕적 규범의 목적이요 모든 예언의 성취라고 말씀하셨다. 사랑은 왕의 법이요, 그 법의 성취라고 불린다. 그것은 완벽한 결속이자, 제자를 검증하는 기준이며, 첫 번째 은혜요, 심판 날에 우리를 지켜주는 방패다.

고린도전서 13장은 사랑의 의미가 무엇인지를 보여준다. 우리는 이 말씀을 보며 경탄한다. 하지만 이 아름다운 말씀을 실제 삶으로 옮기기란 매우 어렵다는 사실을 잘 알고 있다. 사랑은 믿음 자체는 아니지만, 믿음이 작용하는 유일한 통로가 된다. 사랑은 소망이 아니다. 그러나 사랑은 소망이 색을 입히고 빛을 비추는 실체다. 사랑은 가장 흔하면서도 가장 드문 것이다. 우리는 자주 사랑을 말하지만 우리 마음속에서 그것을 찾기란 쉽지 않다. 말하기는 가장 쉽지만 행동으로 옮기기는 가장 어려운 게 바로 사랑이다.

사랑은 하나님을 닮았다

바울은 사랑을 어떻게 묘사하고 있는가? 사랑에는 열정이 있다. 그러나 그 순결한 불꽃 속에서 질투나 시기심은 조금도 자리를 차지할 수 없다. 사랑은 겸손함의 옷을 입고 있다. 허영심이나 교만함은 사랑의 마음을 우쭐거리거나 부풀게 하지 않으며 사랑의 입술에서 나올 수도 없다. 부적절하고 무례한 행위로써 사랑의 아름다움을 손상시킬 수도 없고, 사랑의 충실함과 정절에 의심의 구름을 드리울 수도 없다. 사랑은 결코 무턱대고 화를 내지 않으며 앙심이나 분노를 발하지도 않는다. 사랑은 잘못된 의심을 하지도 않으며 악에 보복하지도 않는다. 사랑은 불의를 기뻐하지 아니하며 진리와 함께 기뻐한다. 사랑은 성급하지도 않고 화를 내지도 않는다. 사랑은 오래 참고 악을 절제한다. 사랑은 선을 향해 적극적으로 나아간다. 그리고 언제나 다정하고 도움을 주며 긍휼을 베푼다. 그런 점에서 사랑은 하나님을 닮았다.

사랑은 참고 견디는 힘을 갖고 있다. 사랑은 선을 믿으며 최선에 대한 소망과 활기로 충만하다. 믿음과 견고함과 소망이 실패할 때도 사랑은 인내하고 기다리며 침착하고 온유하다.

사랑의 초상화는 이토록 거룩하다. 그리스도가 인간의 본질을 회복하고 새롭게 세우기 위해 제안하시는 원리가 바로 이 사랑이다. 하나님 아들의 고상한 원리인 것이다.

예수님은 그분의 아름답고 값진 공동체를 사랑으로 시작하고 사랑으로 완성하신다. 그분은 천국을 사랑으로 만들고자 하셨다.

기독교는 사랑이라는 이 한 가지 원리에 기초하고 있다. 다른 것은 그 자리를 차지할 수 없다. 사랑이라는 원리가 전체를 완성하고 결집시키며 지배한다. 예수님의 삶과 죽음으로 빛나고 강조되며 잉태된 것이 바로 이 사랑의 원리다. 그분의 삶과 죽음은 바로 이 원리를 집약해서 보여준다. "내가 너희를 사랑한 것 같이 너희도 서로 사랑하라"(요 15:12). 그것은 수정되고 완성된 십계명이다. 갈보리에서 받은 새로운 십계명이요 복음의 법이다. 사랑은 성령님이 인간의 마음속에 심으신, 소생시키는 원리다. 인간은 온전한 사랑을 위해 끊임없는 노력과 기도로 힘써야 한다.

새로워진 마음속에 심겨진 예수님을 향한 사랑은 이 땅에서의 가장 고상한 애착마저도 극복할 수 있게 하고, 우리 삶에 생기를 주는 힘이요 면류관이 된다. 그리고 이러한 사랑은 천국을 향한 애정과 긴밀히 연결된다. 다음의 말씀 속에 이러한 생각이 잘 나타나 있다. "나 있는 곳에 너희도 있게 하리라"(요 14:3). "우리가 원하는 바는 … 주와 함께 있는 그것이라"(고후 5:8). "그리스도와 함께 있는 것이 훨씬 더 좋은 일이라"(빌 1:23). "아버지여, 내게 주신 자도 나 있는 곳에 나와 함께 있어 아버지께서 창세 전부터 나를 사랑하시므로 내게 주신 나의 영광을 그들로 보게 하시기를 원하옵나이다"(요 17:24).

예수님을 사랑하는 것이란 그분과 함께 있기를 갈망하는 것이다. 또한 그분에 대해 깊이 생각하는 것이며, 즉각적이고 절대적이며 무조건적으로 그분께 순종하는 것이다. "너희가 나를 사랑하면 나의 계명을 지키리라. … 내가 아버지의 계명을 지켜 그의 사랑 안에 거하는 것 같이 너희도 내 계명을 지키면 내 사랑 안에 거하리라"(요 14:15, 15:10).

우리의 마음과 삶의 중심에서 예수님을 중심에 둘 때 천국은 확실하게 보장된다. 예수님이 우리의 모든 추진력과 갈망, 노력과 행동의 주인이 되셔야 한다. "또 무엇을 하든지 말에나 일에나 다 주 예수의 이름으로 하고 그를 힘입어 하나님 아버지께 감사하라"(골 3:17).

이기는 자가 되어 천국의 면류관을 얻으려면

당신은 천국에 다다르겠는가? 예수님은 당신에게 누구신가? 그분은 당신의 마음을 사로잡으셨는가? 당신은 그분을 따라 천국으로 난 길로 향해 가는가? 당신은 그분과 함께 있기 위해 천국을 구하는가? 천국의 정원에서 주님을 가장 사모하는가? 그분이 천국의 모든 보석 가운데 가장 귀한 분인가? 그분이 천국의 모든 노래보다 더 달콤한가? 천국에 거하기를 갈망하는 이유가 그분 때문인가? 그분과 함께 있기를 바라는 갈망이 당신의 영혼 안에서 가장 심오한 열망을 일깨우는가?

예수님과 천국은 결합되어 있다. 그분을 가장 뜨겁고 열정적으로 사랑하는 것으로 이미 천국이 시작됐음을 알 수 있고, 천국에 계속해서 거하며 우리의 목적이 되는 천국을 누리리라는 것도 이것으로 증명된다. 바울은 다음과 같이 말했다.

나는 이미 하나님께 내 삶을 바쳤고, 이제는 이 땅을 떠날 때가 되었습니다. 나는 선한 싸움을 싸웠고, 내가 달려가야 할 길도 끝냈으며, 믿음도 지켰습니다. 이제 내게는 영광의 면류관을 받는 일만 남았습니다. 그 면류관은 하나님과 함께하며 의롭게 살았다는 표시로 주시는 상입니다. 주님이 바로 정의의 재판관이시기 때문에 마지막 그 날에 주님은 내게 면류관을 주실 것입니다. 또한 나뿐만 아니라 주님이 다시 오시기를 간절한 마음으로 기다리는 모든 사람에게도 주실 것입니다. (딤후 4:6-8, 쉬운성경)

면류관은 바울 개인에게 주어지는 것일 뿐만 아니라 "주님이 다시 오시기를 간절한 마음으로 기다리는 모든 사람에게" 보편적으로 주어진다. 그 표현은 단순히 예수님을 개인적으로 사랑하는 것뿐만 아니라 그분이 위대한 영광 속에서 크게 높아지신다는 사실을 인정한다는 뜻이다. "주의 나타나심을 사모"하는 것은 그분에 대한 사랑에 있어 절대적으로 본질적인 것이다. 예수님의 오심을 사모하는 것은 그분을 사랑한다는 증표다. 우리는 예수님이 오신다는 사실을 사랑한다. 우리가 그분을 사랑하기 때문이다. 우리는 예수님이 오시는 방식이나 때에 대한 이론 혹은 그러한 주장이 아닌, 그 사실 자체를 사랑한다.

예수님이여, 뜻하신 때에 뜻하신 방식으로 뜻하신 목적을 위해 오시옵소서! 우리는 예수님의 오심을 사모한다. 우리가 그분을 사랑하기 때문이다. "아멘. 주 예수여, 오시옵소서"(계 22:20). 천국과 함께 임하옵소서.

이기는 자들과 정복자들은 천국의 면류관을 받는다. 그들은 강력한 힘과 담대한 용기, 극한 갈등과 굳세고 한결같은 단호함을 보여준다. 그들은 죽음에 이른다 해도 면류관을 단단히 붙잡고 결코 놓지 않는다. 그리스도인으로서 지녀야 할 일관성과 용기로 세상과 육체, 악한 영의 모든 악한 계략과 공격, 유혹에 해를 입지 않고 흠 없이 살아간다. 그들은 천국의 생명이라는 면류관을 얻는다.

그들은 악한 영을 제압하고 승리를 얻었다. "청년들아, 내가 너희에게 쓰는 것은 너희가 악한 자를 이기었음이라"(요일 2:13). 그들은 적그리스도의 영을 이겼다.

무릇 하나님께로부터 난 자마다 세상을 이기느니라 세상을 이기는 승리는 이것이니 우리의 믿음이니라 예수께서 하나님의 아들이심을 믿는 자가 아니면 세상을 이기는 자가 누구냐 (요일 5:4-5).

이기는 자는 이것들을 상속으로 받으리라. 나는 그의 하나님이 되고 그는 내 아들이 되리라 (계 21:7).

얼마나 복된 자들인가! 그들은 모두 "흰 옷을 입고 손에 종려 가지를 들고"(계 7:9) 있다. 그들은 승리자들이다. 싸움은 지나갔다. 전쟁은 모두 끝났다. 이제 영원한 승리를 얻은 것이다. 그들은 "우리를 사랑하시는 이로 말미암아 우리가 넉넉히 이기느니라"(롬 8:37)고 외친다. 찬양 받으실 예수님은 항상 그들을 승리로 이끄셨다. 이제 그들은 최후의 위대한 승리 속에서 예수님과 함께 그분의 보좌에 앉아 있다.

이 사랑을 낳으신 분이 바로 성령님이다. 그리고 그 사랑은 예수 그리스도에게 중심을 두고 있다. 천국은 우리가 구주를 얼마나 사랑하는가에 달려 있을 정도다. 우리가 그분을 사랑하고 그분을 추구하는 만큼 천국을 사랑하기 때문이다. 이 사랑은 가장 열정적이고 가장 높은 사랑이어야 한다. 예수님이 천국의 기쁨이요 영광이시기 때문이다.

> 제가 당신을 사랑하지 않나이까? 오, 나의 주님!
> 그렇다면 저로 아무것도 사랑하지 않게 하소서.
> 예수님이 제 마음을 움직이실 수 없다면
> 다른 모든 기쁨에 제 마음이 죽어 있게 하소서.
> 당신은 제가 당신을 사랑하는 줄을 아시나이다. 사랑하는 주님!
> 하지만 오, 저는 높이 날아오르기를 갈망하나이다.
> 사라질 수밖에 없는 기쁨의 영역을 넘어 저 멀리, 저 높은 곳으로!
> 그리고 당신을 더 많이 사랑하는 법을 배우기를 원하나이다!

A Place called Heaven

천국을 사랑하라. 당신의 마음을 천국에 두라. 위를 올려다보라.

새로운 땅을 찾아가고 아름다운 도성을 바라보라.

흰 보좌와 어린양을 바라보라.

그리스도를 붙잡은 손을 더욱 굳세게 하라.

이 땅의 진흙으로 된 몸이 영혼을 제압하지 못하게 하라. …

당신은 하나님의 자녀다.

그러므로 당신의 하늘 아버지의 유업을 추구하라.

새로운 도성에서 거할 처소와 아름다운 방들을 보기 위해

당신의 마음을 올려 드리라.

"세상에 관심을 기울이고, 양심이나 천국 따윈 어딘가에 묻어두라"고

부르짖는 자들에게 말하라. 부끄러운 줄 알라!

사무엘 러더퍼드

9. 냉랭한 가슴으로는 천국을 향해 나아갈 수 없다

너무도 확실한 천국

그리스도인들은 천국에 대해 상세히 알고 싶어한다. "만일 땅에 있는 우리의 장막집이 무너지면 하나님께서 지으신 집 곧 손으로 지은 것이 아니요 하늘에 있는 영원한 집이 우리에게 있는 줄 '아느니라'"(고후 5:1, 강조 저자 추가).

인간은 모두 죽는다. 그리스도인도 죽는다. 그의 육체는 연약하고 덧없는 장막과 같다. 그는 죽음의 상속자이며, 죽은 뒤 그의 몸은 신속히 부패한다. 그러나 그리스도인은

"우리의 몸이 장막처럼 무너져 내리면, 하늘에 있는 부활의 몸—사람의 손으로 지은 몸이 아니라 하나님께서 지으신 몸—이 대신하리라는 것"(메시지성경)을 안다.

그리스도인은 천국에 대한 실제적이고 참된 지식을 갖고 있다. 단순한 바람이나 소망, 행복한 추측이 아니라 확실한 지식, 전달된 사실, 전해진 지식을 갖고 있다. 하나님은 가장 강력한 방식으로 천국의 지식과 확신을 그분의 자녀들에게 전해주셨다. 성령님이 친히 우리의 양자됨과 상속권에 대해 증언하시는 것이 바로 그것이다(요일 5:6 참조).

더 낫고 영구한 소유

우리의 이름이 생명책에 기록되어 있다는 위대한 사실을 하나님은 우리에게 비밀로 하지 않으셨다. 하나님은 우리를 성령으로 인치셨다. 성령님은 이 일에 대해 증인이면서 또한 보증이 되신다. 증인은 증거를 갖고 있다. 보증이란 천국을 담보한다는 뜻이며, 천국을 미리 맛본다는 의미다. 그리스도인은 온전한 정도는 아니지만 의식적인 깨달음 속에서 천국을 소유한다. 참된 그리스도인은 불가

지론자가 아니다. 그는 진정 알아야 할 중요한 것들을 알고 있다.

이 세상에서 그리스도인은 천국의 실제 크기를 느낄 수는 없다. 그러나 그의 발이 천국 도성의 정금 길을 걸을 때 비로소 그렇게 될 것이다. 그때 천국은 그의 전 생명을 침투해 들어오고 달콤한 기쁨으로 채울 것이다. 믿음은 바라는 것들의 실상을 그에게 가져다준다. 그의 소망은 빛으로 현재를 빛나게 하고 그 힘으로 현재를 강하게 만든다.

그리스도인의 믿음과 소망은 천국의 것들을 실재하는 것으로 의식하고, 직접 만져지는 것이 되게 한다. 천국에 자신의 처소가 있다는 것을 알 때 그리스도인은 죽음과 변화와 재앙을 물리칠 수 있다. 그럴 때 천국은 얼마나 매력적인 곳이 되는가! "하늘에 있는 영원한 집이 우리에게 있는 줄 아느니라"(고후 5:1).

강 건너에 있는 우리의 궁정을 생각할 때 진흙으로 된 오두막, 이 땅의 장막을 후회가 아닌 기쁨 속에서 떠날 수 있다. 이 땅에서 천국의 실재성과 천국이 주는 기쁨을 기대하지 않는 자는 하나님을 알지도 못하고 믿음도 없는 자다.

우리가 저 높은 곳에 있는 우리의 집에 대해 확신하지 못하고 흔들려야 하겠는가? 우리가 그것을 확신할 수 있을까? 그렇다. 우리는 그것을 알고 있다. 하나님이 친히 말씀으로 우리에게 그것을 알려주신다. 성령님이 그것을 우리 마음에 말씀해 주셨고 천국의 감미로운 그림을 보여주셨다. 우리는 천국에 대한 권리 증서를 점검해보았다. 그것은 서명을 하고 인을 친 천국의 권리 증서다. 천국에는 우리의 처소가 세워져 있다. 우리의 모든 이름이 증서 안에 기록되어 있다.

죽음의 강을 넘은 어떤 그리스도인도 가난한 상태로 남아 있지 않을 것이다. 죽음이 그를 유업으로 이끌기 때문이다. 죽음은 그리스도인에게 최고의 것을 가져온다. 죽음은 그에게 위대한 목적 지점에 이르게 한다. 그리고 그의 집으로 인도해 간다. 우리는 죽음 앞에서 탄식할 필요가 없다. 오히려 빛과 승리로 그 문을 통과해야 한다. 우리는 항상, 모든 곳에서 구약의 성도들처럼 말해야 한다. "너희 소유를 빼앗기는 것도 기쁘게 당한 것은 더 낫고 영구한 소유가 있는 줄 앎이라"(히 10:34).

천국인으로 인정받으려면

갈망^{Desire}. 이것이 천국을 향한 그리스도인의 정상적인 태도 중 하나다. 바울은 그것을 다음과 같이 말한다. "내가 그 둘 사이에 끼었으니 차라리 세상을 떠나서 그리스도와 함께 있는 것이 훨씬 더 좋은 일이라"(빌 1:23). 바울은 천국을 갈망했다. 그리고 예수님과 함께 있기를 바랐다.

예수님은 제자들을 위해 최고의 것을 준비하신다. 하나님은 예수님께 마스터키를 주셨고, 주님은 그분을 따르는 자들에게 그것을 넘겨주신다. 이것으로 우리의 갈망에는 불이 붙고 활활 타올라야 한다. 냉랭해진 마음, 차갑게 식은 목적, 얼어붙은 결심으로는 천국을 향해 나아갈 수 없다. 내게는 미래를 알고자 하는 말할 수 없는 갈망이 있다. 천국을 보고 누리기 원하는 갈망, 천국을 보고 누리기 위해 그곳에 있고픈 갈망이 있다.

> 참으로 우리가 여기 있어 탄식하며 하늘로부터 오는 우리 처소로 덧입기를 간절히 사모하노라 이렇게 입음은 우리가 벗은 자들로 발견되지 않으려 함이라 (고후 5:2-3).

그것은 간절한 갈망이고 또한 그래야만 한다. 우리는 불꽃으로 천국을 향해 출발한다. 그러나 그 불꽃은 한 걸음 한 걸음 나아갈수록 점점 더 강렬한 불길로 타올라야 한다.

그리스도인은 죽기 위해서가 아니라 현재 입고 있는 옷을 벗어버리기 위해 천국을 갈망한다. 우리가 바라는 것은 단순히 이런 장막과 같은 몸의 짐을 벗어버리고자 함이 아니다. 참된 갈망은 죽음을 갈망하는 것이 아니다. 죽음은 진정한 그리스도인에게는 아무런 매력이 없기 때문이다. 참된 그리스도인은 죽든지 살든지 전혀 두려워하지 않는다. 그에게 천국과 무관한 삶은 아무런 매력이 없다. 마찬가지로 천국과 무관한 죽음 역시 아무런 매력이 없다.

바울은 그리스도인이 지녀야 할 합당한 태도를 이렇게 표현했다.

> 이 땅에서 이 몸을 입고 살아가면서 힘들어 신음하지만 그렇다고 해서 죽기를 바라는 것은 아닙니다. 다만 새로운 몸 입기를 간절히 바랄 뿐입니다. 그리하여 이 죽을 몸이 영원한 생명을 덧입기를 바라는 것입니다. (고후 5:4, 현대어성경)

이 말씀은 빛과 기대, 갈망으로 너무나 가득 찬 나머지, 마치 짐 진 것처럼 느껴지는 그런 갈망을 보여준다. 구름이 가리지 않은 선명한 믿음의 시야를 가진 사람에게는 천국이 너무나도 많은 매력으로 가득 차 있고, 불멸의 소망이라는 장밋빛 아래에는 너무나 밝은 빛이 가득 차 있어서-죽음의 그림자는 감히 범접하지 못한다- 현재의 짐들은 견딜 수 없는 것처럼 느껴진다. 그런 이들에게는 이 땅에 머물러 있는 것이 마치 묘지에서 살아가는 것과도 같다. 점점 허물어져 가는 집에서 사는 것, 혹은 매순간 서서히 죽어가는 것처럼 느껴진다. 이 땅은 마치 거대한 공동묘지와도 같다. 모든 것이 죽음의 그림자를 드리우고 죽음의 입김을 내뿜는다.

그러나 천국을 향한 갈망은 생명수 샘에서 솟아나온다. 그 생명수 샘을 맛본 우리는 더 이상 죽은 자들, 혹은 죽어가는 자들로 살아갈 수가 없다. 생명수 샘을 맛본 영혼은 넘쳐흐르는 그 강물 속에 몸을 담그기를 갈망한다. 측량할 수 없는 깊은 생명의 바다 속에 뛰어들기를 열망한다.

참된 기독교는 언제나 천국을 크게 보이게 한다

천국을 향한 태도는 죽음이 아닌 생명을 향한 갈망이다. 이 세상에서는 죽음이 우리를 지배하고 감옥에 가두며 파멸시킨다. 그러나 천국에서는 생명이 우리를 다스리고 해방하며 부요케 한다. 우리는 그 영원한 생명을 애타게 갈망한다. 오직 천국에서만 발견할 수 있는 생명을 탄식하며 갈구하는 것이다. 죽음에 신물이 난 우리는 천국을 위해 살고 천국을 갈망함으로써 생명을 열망한다. 천국을 향한 이 탄식은 이 세상 기준으로는 결코 자연스러운 게 아니다. 성령님이 우리의 본성을 바꾸시고 천국을 갈망하도록 우리를 새롭게 빚어주시기 때문에 가능한 것이다. "그런데 바로 그 일을 위하여 우리를 다듬으시고 또한 우리에게 성령을 보증으로 주신 분은 하나님이시니라"(고후 5:5, 흠정역).

하나님은 천국의 생명을 갈망하도록 우리를 빚어주셨다. 그분은 우리 안에 이 천국의 갈망을 심어주신다. 우리가 천국을 바라보고 열망하는 것이 바로 우리를 빚으시는 하나님의 손길을 보여주는 증표다. 하나님이 우리 마음 안에서 행하신 은혜로운 사역의 결과다. 하나님은 성령님을 우리 안에 넣어주신다. 우리의 기억을 천국에 대한 것들로 채우시고 천국에 대해 깨어 있게 하기 위해서다. 우리의 갈망이 천국을 향해 계속해서 활활 타오르게 하시고 우리 손이 천국을 향해 계속해서 부지런히 움직이게 하시며 우리가 천국의 달콤함을 계속해서 맛보게 하기 위해서다. 하나님은 우리 안에서 이 강력한 천국의 역사를 행하신다. 우리가 이 땅의 일시적인 것들을 바라보지 않고 덧없는 것들을 가치 있게 여기지 않으며 이 땅의 사라져버리는 것들을 추구하느라 몸부림치지지 않게 하기 위해서다.

이 세대는 물질을 중시한다. 항상 이 땅을 높이고 천국을 낮춘다. 하지만 참된 기독교는 언제나 이 땅을 축소시키고 천국을 크게 보이게 한다. 만일 하나님의 파수꾼들이 용감하지도, 깨어있지도 않다면 우리의 신앙은 이 시대의 질병에 걸릴 것이고 천국에 대해 거의 생각도 하지 않을 것이다. 그리고 천국을 위해 점점 더 싸우지 않게 될 것이다.

하나님은 천국을 중요하게 여기신다. 하나님은 천국의 장엄함과 영광을 지으신 건축가다. 천국은 하나님이 거하시는 곳이다. 천국은 탁월함으로 인해 그분의 도성이며 그분의 수도다. 그분의 중심 도시이며 이 땅에서 택하심을 받은 그분의 가족들이 거하는 집이다. 하나님은 그분의 모든 자녀를 천국의 본을 따라 빚으신다. 그분의 모든 자녀를 천국의 양식으로 먹이신다. 그분의 모든 군사를 천국의 전쟁을 위해 훈련시키신다. 그리고 그분의 모든 자녀 안에 천국을 향한 만족할 줄 모르는 갈급함을 심어놓으신다. 만일 천국을 향한 갈망이 둔해지고 시야가 흐릿해졌다면 하나님의 빛이 심령에서 사라져버린 것이다. 하나님의 역사가 영혼 안에서 억눌리고 하나님의 생명이 약하게 맥박 치고 있는 징조다. 하나님의 사랑이 마음속에서 차갑게 식었다는 방증이다.

사도는 "이것" 즉 천국을 향한 빚으심, 천국의 맛과 천국을 향한 갈망으로 "우리를 다듬으시고 또한 우리에게 성령을 보증으로 주신 분은 하나님"이라고 말한다. 이 하나님의 역사는 천국을 따라 우리를 빚어간다. 그러나 우리 안에서 행하시는 하나님의 이 참된 역사는 우리로 천국을 미리 맛보게 하고 천국을 보증하신다.

참된 그리스도인에게 천국은 단순한 감상이나 시적 유

희, 혹은 막연한 유토피아가 아니다. 그에게 천국은 힘찬 화강암처럼 견고하고 영구하며 단단한 곳이고, 달콤함과 영향력으로 말한다면 그림 속의 집을 세우는 것과도 같다. 이 땅 위에 있는 성도들이 강력하게 천국을 향하고 있을 때 하나님은 그 어느 때보다 그들에게 더욱 복되고 선하신 분이다.

천국을 향한 헌신으로 이 땅과 분리된 성도들은 천국을 향한 갈망을 분명하고 힘 있게 선포한다. 그리고 하나님은 그들의 하나님이라고 불리기를 결코 부끄럽게 여기지 않으신다. 하나님은 그들을 위해 한 성을 예비하셨다. 하나님의 보좌는 천국에 있으며, 그분의 능력과 존재, 영광이 그곳에 있다. 하나님이 우리의 마음을 사로잡으셨는가? 그렇다면 천국이 우리를 사로잡을 것이다. 이제 한 가지 질문만 남는다. "우리는 진정으로 하나님을 갈망하는가?"

예루살렘이여, 나의 복된 집이여!
내게 영원토록 귀하신 이름이여!
언제 당신의 품 안에서, 기쁨과 평안 속에서

나의 수고가 끝나게 될지요?

언제 이 눈이 천국에 서 있는 벽과 진주로 된 문을 보게 될까요?

구원과 함께 당신의 강한 성루와

빛나는 정금 길을 보게 될까요?

오, 언제 내 하나님의 도성으로,

주님의 궁정으로 올라가게 될까?

회중이 흩어질 일도 없고

안식일이 결코 끝나지도 않는 그곳으로 언제 올라가게 될까요?

천국의 부요함을 얻기 위해 달리라

그리스도인은 천국을 향해 나아가는 경주로 위에 있다. 그는 온 힘을 다해 앞으로 나가기 위해 한껏 긴장한 채 천국을 향한 경주자로 서 있다.

운동장에서 달음질하는 자들이 다 달릴지라도 오직 상을 받는 사람은 한 사람인 줄을 너희가 알지 못하느냐 너희도 상을 받도록 이와 같이 달음질하라 이기기를 다투는 자마다 모든 일에 절제하나니 그들은 썩을 승리자의 관을 얻고자 하되 우리는 썩지 아니할 것을 얻고자 하노라 그러므로 나는 달음질하기를 향방 없는 것 같이 아니하고 싸우기를 허공을 치는 것 같이 아니하며 내가 내 몸을 쳐 복종하게 함은 내가 남에게 전파한 후에 자신이 도리어 버림을 당할까 두려워함이로다 (고전 9:24-27).

이 말씀에서 우리는 상을 얻기 위해 평소 혹독한 훈련을 견디고 자신의 힘을 모두 발휘하는 천국의 운동선수가 떠오른다. 썩을 관을 얻기 위해 온 힘과 전력을 다하는 그리스의 운동선수는 천국을 향해 사람들을 일깨우는 성경의 좋은 비유다. 운동선수는 오직 승리자의 관만을 바라본다. 그는 승리자의 관이라는 목표를 얻기 위해 몸의 모든 근육을 한껏 긴장시켜 힘을 끌어낸다. 그와 마찬가지로 우리 그리스도인들도 면류관이라는 "상을 받도록 이와 같이 달음질"해야 한다.

"구원을 받는 자가 적으니이까?"(눅 13:23). 이 질문에 대해 대답하실 때 예수님도 그와 동일한 개념을 들어 말씀하셨다. "좁은 문으로 들어가기를 힘쓰라. 내가 너희에게 이르노니 들어가기를 구하여도 못하는 자가 많으리라"(24). "힘쓰라"는 단어는 필사의 노력을 기울이라는 뜻이다. 그것은 강력한 노력을 말한다. 크게 고무되고 자극을 받아 가장 온전하고 열정적으로 힘을 기울이는 노력이다. 마치 예수께서 그러셨던 것처럼.

> 이러므로 우리에게 구름 같이 둘러싼 허다한 증인들이 있으니 모든 무거운 것과 얽매이기 쉬운 죄를 벗어 버리고 인내로써 우리 앞에 당한 경주를 하며 믿음의 주요 또 온전하게 하시는 이인 예수를 바라보자 그는 그 앞에 있는 기쁨을 위하여 십자가를 참으사 부끄러움을 개의치 아니하시더니 하나님 보좌 우편에 앉으셨느니라 (히 12:1-2).

히브리서는 오직 가장 강력하고 지속적인 노력을 통해서만 천국을 얻을 수 있다고 말한다. 천국을 얻기 위해 온 힘을 기울여야 하는 것이다. 앞서 달린 승리자들은 이미 상을 얻고 명예 속에서 이 흥분되는 경주를 지켜보는 자들로 묘사된다. 이미 이 길을 걸어가신 예수 그리스도는 경주를 심판하고 면류관을 상으로 주시기 위해 목표 지점에 앉아 계신다. 경주자들은 가장 엄숙한 권면을 받는다.

어떤 문학책에서 이보다 더 강력하게 온 힘을 경주에 쏟으라고 요구하는 것을 보았는가? 앞으로 나아가는 것을 방해하거나 막는 모든 것을 떨쳐 버리고 나갈 수 있는 힘이 있는가? 천국이 바로 이 경주에 달려 있다. 썩지 않는 면류관은 성공적으로 달리기를 마친 자만이 받을 수 있는 상급이다. 불멸과 영생이 이 경주의 결과에 달려 있다.

바울은 디모데에게 천국을 향해 자신과 같은 경주로 위에 서라고 촉구했다. 그리고 "믿음의 선한 싸움을 싸우기" (딤전 6:12) 위해 경주에 힘쓰라고 권면했다. 만일 설교자들이 천국을 향한 경주를 하지 않는다면 성도들도 그 경주로 위에 서지 않을 것이다. '싸우다' 라는 단어는 강력하고 필사적인 노력을 함축한다.

바울은 또한 디모데에게 돈을 사랑하는 것과 그것이 얼마나 치명적인 결과를 가져오는지에 대해 썼다. 그러면서 디모데에게 그런 것들을 피하라고 촉구했다. 세상 사람들은 돈을 갈망하고 돈을 얻기 위해 땀을 흘린다. 그들은 이 땅의 부를 축적하기 위해 열렬히 돈을 추구한다. 그와 마찬가지로 디모데 역시 하나님의 사람으로서 필사의 노력을 기울여야 했다. 그러나 이 땅과 이 땅의 돈을 위해서가 아니라 바로 천국과, 가치를 매길 수도 없고 사라지지도 않는 천국의 부를 얻기 위해서다.

빌립보서에서 우리는 천국을 향해 경주하고 있는 바울의 모습을 생생히 볼 수 있다.

나는 지금 모든 것을 다 내던졌습니다. 내가 바라는 것은 다만 참으로 그리스도를 알고 그리스도를 다시 살리신 전능한 능력을 체험하고 그리스도와 함께 고난을 당하고 그리스도와 함께 죽는다는 것이 무엇을 의미하는가를 아는 일입니다. 죽은 자 가운데서 다시 살아난 분이 가지는 신선하고 새로운 생명 가운데서 사는 자가 되기 위해서라면 어떤 일이라도 감수할 것입니다.

내가 완전한 인간이 되었다고 말하려는 게 아닙니다. 나는 아직도 배워야 할 것이 많습니다. 다만 나는 그리스도께서 왜 나를 구원해 주셨는가를 깨달아 그리스도께서 내게 바라는 사람이 될 그날을 향해서 계속 노력할 뿐입니다.

사랑하는 형제들이여, 아직 나는 그 목표에 이르지 못하였습니다. 그래서 그 일을 이루는 데 내 모든 힘을 기울이고 있습니다. 과거의 것에 집착하지 않고 앞에 있는 것을 바라보며 목적지까지 달려서 상을 타려고 열심히 노력하고 있습니다. 이 상은 그리스도 예수께서 우리를 위해 이루신 그 일을 바탕으로 하여 내리는 것입니다. 지금 하나님께서는 이 상을 주시려고 나를 하늘로 부르고 계십니다. (빌 3:10-14, 현대어성경)

바울은 놀라운 회심이나 높은 사도 직분을 통해서가 아니라 일평생 천국을 향한 분투를 통해 천국을 얻고자 몸부림쳤다. 그는 천국을 향한 경주로에 있었다. 위엄 넘치고 열정적이며 강렬하게, 바울은 이같이 명령할 수 있었다. "뒤에 있는 것은 잊어버리라." 그는 온 힘과 열정을 다해 계속해서 앞으로 나아갔다.

"앞에 있는 것을 바라보며"는 열렬하고 힘차게 앞으로 나가는 것, 열정적으로 추구한다는 의미다. "푯대를 향하여… 달려가노라"는 지치지 않는 힘으로 재빠르게 달리는 자의 모습을 보여준다. 그것은 모든 노력과 관심을 기울여 목적한 바를 성취하려는 모습이다. 모든 힘을 집중해서 끝까지 인내하려는 의지를 보여준다. 위대한 사도인 바울은 천국을 향한 경주를 하고 있었다. 그는 그 영광을 놓칠 수 없었다. 이렇게 바울은 자신의 감정과 목적을 표현했다.

> 그러므로 나는 달음질하기를 향방 없는 것 같이 아니하고 싸우기를 허공을 치는 것 같이 아니하며 내가 내 몸을 쳐 복종하게 함은 내가 남에게 전파한 후에 자신이 도리어 버림을 당할까 두려워함이로다 (고전 9:26-27).

바울은 사도 중의 사도였지만 그 역시 앙망 모든 곳에서 천국을 향해 경주함으로써 천국을 확실한 것으로 만들 수 있었다. 하나님! 우리도 그의 본을 통해 심오한 깨달음에 이르게 하소서.

형제들아, 너희는 함께 나를 본받으라. 그리고 너희가 우리를 본받은 것처럼 그와 같이 행하는 자들을 눈여겨보라 (빌 3:17).

그리스도의 경주자들이여, 일어나라.
앞으로 나와 달릴 준비를 하라.
목표 지점을 향해 눈을 들고
당당히 앞으로 나아가라.
경주는 짧다.
오래 걸리지 않는다.
경주자마다 자신의 비파를 들고
시온의 노래를 부를 날이 곧 올 것이다.

당신의 주인이신 그리스도가 이미 공격을 가하심으로 천국을 얻으셨다.

천국은 이미 포위된 성이다.

따라서 침노함으로 취해야 한다.

오, 세상은 천국을 단지 옆에 있는 다른 세상쯤으로 생각한다.

그래서 천국에 이를 때까지

이 세상이라는 침대 위에서 경건함은 그냥 잠재우는 것이다!

그러나 그런 태도는 결코 천국으로 이끌지 못한다.

E. M. 바운즈

10. 그리스도인은 천국의 법에 순종한다

그분은 천국을 기뻐하는 것으로 힘을 얻으셨다

세상에서 추방당한 우리는 자연스럽게 천국에 시민권을 두게 되었다고 성경은 말한다. 우리는 고향을 그리워하는 순례자요, 나그네로서 곤고함과 갈망, 고독을 느낀다. 성경은 모든 참된 그리스도인이 이처럼 천국을 향해 신음한다고 말한다. 그들에게 삶의 유일한 목적은 오직 천국을 위해 살고 천국에서 사는 것이다.

천국은 높임 받고 영광스러운 장소를 의미한다. 천국은

하나님이 거하시는 곳이다. 하나님의 직접적인 임재가 있는 곳이다. 천국은 이 땅에 있는 존재들과 사물들보다 더 높은 존재들이 거하는 나라다. 천국은 우리가 눈으로 보는 하늘과는 다른, 고결함과 탁월함을 지닌 곳으로 '셋째 하늘'(고후 12:2)이라고 불린다.

선한 사람은 보물을 하늘에 쌓아 둔다. 그리고 끊임없이 마음과 눈을 그 보물에 고정시킨다. 천국은 예수님이 계신 곳이다. 그분이 우리를 위해 처소를 예비하신다. 천국은 그리스도인에게 가장 중요한 장소다. 천국을 이야기할 때 그의 심장은 더 빠르게 뛰고 눈은 더 밝게 빛난다. 믿음의 눈은 끊임없이 천국을 바라보고 믿음의 기도는 계속해서 천국으로 올라간다. 우리의 하늘 아버지가 그곳에 거하신다. 예수님은 그분의 위대한 사명을 위해 천국에서 내려오셨다. 성령님도 천국에서 내려오셨다. 이 세상을 떠난 모든 거룩한 자의 영혼이 그곳에 있다. 천국은 거룩하고 복된 곳이다. 헤아릴 수 없이 많은 무리가 그곳에 있다. 천국은 안전하고 복되며 눈물이 없고 불멸하는 곳이다.

천국을 향한 갈망은 우리의 마음을 이 땅 너머 저 높은 곳으로 이끌어준다. 천국은 우리의 생각을 가득 채우고 우리의 소망을 밝게 빛나게 한다. 천국은 우리의 슬픔을 달래고 두려움을 내쫓으며 모든 염려를 우리 마음에서 제거한다. 그리고 세상살이에서 발생하는 질병으로부터 면역력을 키워준다.

예수님의 눈과 마음은 언제나 천국을 향했다. 그분은 늘 천국에 계신 아버지에 대해 말씀하고 생각하셨다. 그분은 천국을 기뻐하는 것으로 힘을 얻으셨다. 그래서 십자가를 참고 부끄러움을 개의치 않으실 수 있었다(히 12:2 참조). 우리 역시 천국을 중요하게 여겨야 한다. 우리는 이 땅에서도 천국에서 살아야 한다.

천국의 환경이 우리를 둘러싸야 한다. 천국의 영광이 우리를 사로잡아야 하고 천국의 불멸하는 아름다움이 우리의 눈과 마음을 가득 채워야 한다. 천국이 우리 삶의 목표가 되어야 한다. 천국이 우리의 야망이 되어야 하고 우리가 기울이는 모든 노력의 동기가 되어야 한다. 우리의 이름이 그곳에 기록되어야 한다. 우리의 보물을 그곳에 쌓아두어야 한다.

하나님이 직접 준비하신 두 번째 낙원

천국은 본토와 아버지 나라, 집으로 비유된다. "우리의 시민권은 하늘에 있는지라. 거기로부터 구원하는 자 곧 주 예수 그리스도를 기다리노니"(빌 3:20).

성경은 '시민권'이라는 단어를 사용하고 있는데, 주석에선 그것을 국민이라고 밝힌다. 국민이라는 단어는 국가와 연관된다. 국가의 법과 규약, 시민권과 관련되는 것이다.

예수님은 죽어가는 강도에게 말씀하셨다. "오늘 네가 나와 함께 낙원에 있으리라"(눅 23:43). 바울은 자신이 "낙원으로 이끌려 갔다"(고후 12:4)고 말했다. 하나님의 낙원은 우리의 첫 조상의 집인 에덴처럼 담이 둘러쳐진 아름다운 곳이다. 이제 낙원은 천국에서 성도들이 거하는 곳을 부르는 이름이 되었다. 그곳은 '하나님의 낙원'(계 2:7)으로 불린다. 보암직하고 먹음직한 모든 나무가 있는 최초의 낙원은 인간을 위해 만들어졌다. 아름다움과 정결함, 순결함이 그곳에 있었다. 이제 그 모든 것이 더 넓고 크게 두 번째 낙원에 있을 것이다.

첫 번째 낙원에서는 "여호와 하나님이 동방의 에덴에 동산을 창설하"(창 2:8)셨다. 두 번째 낙원에서는 "하나님이 … 그들을 위하여 한 성을 예비하[신다]"(히 11:16). 본문은 정원에서 도성으로 단어를 변화시킴으로써 대조적이면서도 발전적인 개념을 표현하고 있다. 첫 번째 낙원은 인간의 낙원이었다. 그러나 두 번째 낙원은 '하나님의 낙원'이다. 인간은 첫 번째 낙원에 있었다. 그러나 하나님은 두 번째 낙원에 계신다. 하나님은 첫 번째 낙원을 찾아오셨다. 그러나 두 번째 낙원에서는 영원히 거하신다!

천국은 모든 사람이 공동으로 누리는 행복에 대해 얘기한다. 혜택을 받는 특정 계급이나 신분이 없다. 각기 모든 자가 가장 온전하게 행복을 누리는 완벽한 다스림이 있다.

빌립보서는 천국을 하나의 장소로 강조한다. "우리의 시민권은 하늘에 있는지라. 거기로부터 구원하는 자 곧 주 예수 그리스도를 기다리노니"(빌 3:20). 인간의 몸을 가진 예수님은 장소를 취하신다. 그곳이 바로 천국이다. 우리는 예수님이 천국에서 오셔서 죽은 자를 일으키고 성도들의 몸을 변화시키시기를 기다리고 있다.

그분은 만물을 복종시킬 수 있는 권능으로, 우리의 비천한 몸을 변화시키셔서, 자기의 영광스러운 몸과 같은 모습이 되게 하실 것입니다. (빌 3:21, 새번역)

그리스도인은 천국에 시민권을 두고 있다. 그리스도인은 하나님에게 충성하고 천국에 충실해야 한다. 그리스도인은 천국의 법에 순종해야 한다. 천국에서 최고의 시민은 땅에서도 최고의 시민이다. 그리스도인은 순종과 미덕, 정부에 대해 가장 높은 의무로 묶여 있다. 그런 거룩한 국가의 시민으로 살아간다는 것은 얼마나 영예로운 일인지!

로마 치하에서 "나는 로마 시민이다"는 말에는 위엄과 영예, 안전과 존중이 내포되어 있었다. "나는 천국 시민이다"라는 말 역시 위엄과 존귀, 정결과 천국의 성품을 가장 온전하게 선포하는 선언이다.

이 땅에 대한 애착은 천국을 향한 갈망을 축소시킨다
구약의 성도들에 대해 히브리서는 다음과 같이 말한다.

이 사람들은 다 믿음을 따라 죽었으며 약속을 받지 못하였으되 그것들을 멀리서 보고 환영하며 또 땅에서는 외국인과 나그네임을 증언하였으니 그들이 이같이 말하는 것은 자기들이 본향 찾는 자임을 나타냄이라 (히 11:13-14).

다른 번역본은 14절을 이렇게 옮긴다. "그들이 이렇게 생각한 것은 그들이 찾고 있던 고향이 따로 있었다는 것을 분명히 드러내는 것입니다"(공동번역).

'본향'이라는 단어는 한 사람의 고국, 아버지의 나라, 모국으로 정의할 수 있다. 천국은 우리의 집이고 우리 아버지의 나라다. 이 땅에서 우리는 이방인이고 순례자이며 나그네다. 나그네의 외로움과 갈망, 순례자의 곤고함을 절절히 느낀다. 우리 마음의 탄식과 추방된 자가 되어 느끼는 열망은 우리가 아직 고향에 있지 않음을 분명히 보여준다. 우리가 천국을 추구하는 것은 우리 본향이 이 세상이 아니라 천국임을 드러내는 것이다.

그러므로 천국은 우리를 이끌고 사로잡아야 한다. 천국이 우리의 마음과 손, 우리의 태도와 대화, 우리의 성품과 특징들을 가득 채워서 우리가 이 세상에 대해 이방인이고 나그네이며 더 높은 나라에 속한 자라는 것을 모두가 볼 수 있어야 한다. 우리는 이 세상과 어울리고 타협하는 자들이 아니라 이 세상의 길과는 다른 길을 가야 하는 자들이다. 이 세상의 환경은 우리에게 냉혹하고 해를 가한다. 이 세상의 태양은 일식으로 가려지고 이 세상과의 사귐은 둔하고 활기가 없다. 그러나 천국은 우리의 본향이요 집이다. 우리에게 이 세상을 떠나는 시간은 죽음의 시간이 아니라 다시 태어나는 시간이다. 천국은 하늘을 향한 우리의 갈망에 불을 붙이고 자석처럼 우리를 끌어 올려야 한다.

아름답고 은사가 많은 한 젊은 여성은 오랜 시간 동안 하나님을 위해 옳은 일을 하고 그분을 위해 살며 그분의 영광을 위해 할 수 있는 모든 것을 행했다. 그녀는 다른 어떤 목적을 위해서는 단 한 순간도 더 살고 싶지 않다고 말했다.

바울은 갈망과 의무 사이에서 마음이 나누어져 있었다. 그리스도와 천국이 그의 마음을 온통 차지하고 있었지만 하나님이 맡기신 의무가 이 유배지와 같은 세상에서 그를 붙잡았기 때문이다.

> 이는 내게 사는 것이 그리스도니 죽는 것도 유익함이라 그러나 만일 육신으로 사는 이것이 내 일의 열매일진대 무엇을 택해야 할는지 나는 알지 못하노라 내가 그 둘 사이에 끼었으니 차라리 세상을 떠나서 그리스도와 함께 있는 것이 훨씬 더 좋은 일이라 그렇게 하고 싶으나 내가 육신으로 있는 것이 너희를 위하여 더 유익하리라 내가 살 것과 너희 믿음의 진보와 기쁨을 위하여 너희 무리와 함께 거할 이것을 확실히 아노니 (빌 1:21-25).

우리도 마찬가지다. 우리는 한 걸음 뒤로 물러나 기쁨의 열매를 맺는 복된 시간이 올 때까지 기다려야 한다. 히브리서 11장에 나오는 믿음의 조상들은 천국을 향한 갈망을 가진 이 땅 위의 순례자요 나그네였다. 이 순례자들은 이미 이 세상을 떠났다. 그리고 다시 이곳으로 돌아오기를 거부했다. 그들은 자신들의 집과 고국을 더 나은 곳, 바로 하늘나라로 옮겼다. 하나님은 그들의 탄식을 들으셨고 그들의 충성됨과 간절한 마음에 주목하셨다. 하나님은 그들을 부끄러워하지 않으시고 오히려 그들을 위해 한 성을 예비하셨다. 천국은 하나님이 지으신 곳이다. 그 사실은 천국의 위치와 영광, 영원함, 지극한 기쁨을 확실히 보장해준다.

천국을 향한 그리스도인의 태도에 대해 바울은 고린도교회 성도들에게 쓴 서신서에서 이렇게 말했다. "우리가 담대하여 원하는 바는 차라리 몸을 떠나 주와 함께 있는 그것이라"(고후 5:8). 이 세상에서 우리는 천국에 대한 가장 강력하고 가장 달콤하며 가장 마음을 사로잡는 상징들을 갖고 있다. 우리는 천국을 집으로 부른다. 그것은 신성하고 귀하며 안식을 주고 기쁨이 넘치는 거룩한 감정, 결코 끊어지지 않는 영원한 연합을 뜻한다. 천국에서는 이 모든 것이 만 배는 더 강하고 더 달콤할 것이다.

천국에 우리의 집이 있다! 얼마나 커다란 환대를 받겠는가! 얼마나 놀라운 만족이 되겠는가! 지친 발과 곤고한 마음에 얼마나 깊은 안식이 될까! 얼마나 놀라운 안정감과 확신을 주겠는가! 이 땅의 어떤 기쁨 넘치는 곳에서도 천국만큼 심오하고 만족스러우며 안식을 주고 기쁨이 넘치는 느낌을 주지는 못한다. 천국에 도착하게 되면 우리는 천국이 집이라는 것을 깨닫게 될 것이다. 천국은 그런 우리를 이끌어 자신과 단단히 결합시킨다. 천국을 향한 향수병은 우리를 이 땅과 분리시키고 우리의 진정한 집을 소망하게 만든다.

깊은 영적 통찰력과 가장 건전한 영적 철학을 가진 스코틀랜드의 목회자가 있었다. 그는 가장 은사가 많고 거룩한 설교자 중 하나였다. 그는 어느 아름다운 목사관을 방문한 뒤에 다음과 같이 말했다. "이 목사관은 너무나 아름답고 사랑스럽다. 다른 사람들도 이런 곳에서 살면 '여긴 내 안식처다'고 말하지 않을 수 없을 것이다. 그러나 나는 목사관이 이렇게 아름다워야 한다고 생각하지 않는다."

그것은 악의에 찬 말이거나 과장된 표현이 아니다. 오히려 우리가 다음과 같은 커다란 위험에 맞서 무장해야 한다는 것을 강조한 말이다. 즉, 이 땅에 대한 큰 애착은 천국을 향한 갈망을 축소시킨다. 이 땅을 깊이 사랑하게 되면 천국을 거의 생각하지 못하게 된다. 하나님의 위대한 사역 가운데 하나는 우리의 마음을 이 땅에서 떠나게 하고 천국과 결속시키는 일이다. 하나님은 우리가 이 땅에 있는 집에 열중하는 것을 깨뜨리신다. 우리가 천국에 있는 집을 추구할 수 있도록 말이다.

    천국의 내 집은 밝고 아름답다네.
    어떤 고통도 죽음도 그곳으로는 들어갈 수 없다네.
    천국의 빛나는 성루는 해보다 더 찬란히 빛난다네.
    천국의 집이 나의 것이 된다네.
    다른 이들은 아래 세상의 집을 구한다네.
    그러나 그 집은 불이 삼키고 파도가 덮쳐버릴 곳이라네.
    나의 집은 더 복된 곳이지.
    바로 보좌 가까이에 있는 천국의 집.

    _윌리엄 헌터(William Hunter)

A Place called Heaven

우리는 천국의 여름 열매가 우리를 위해 무르익을 때까지 인내해야 한다.

지금은 새싹이 나는 시기다.

추수기가 이르기 전에 우리는 많은 것을 해야 한다. ……

그러나 우리는 천국 속에 살다가 천국으로 가기를 원한다.

한 해에 두 번의 여름이 있었으면 한다.

두 개의 천국을 원하는 것이다.

그러나 그런 일은 결코 일어나지 않는다.

단 하나의 천국이 우리를 온전하게 충족시킨다

(그리고 그 천국은 놀라운 천국이다!).

그리스도는 오직 하나의 천국을 얻으셨다.

그런데 우리는 어째서 두 개의 천국을 원하는가?

사무엘 러더퍼드

11. 믿음의 시련을 통해 정결하고 온전해진다

하나님을 따르는 자들에게 가해진 증오와 박해는 많은 성도의 마음에 칼날처럼 박힌다. 이런 그들은 "간고를 많이 겪었으며 질고를 아는"(사 53:3) 자들이 된다. 그들은 외면당하고, 천국에 대한 그들의 믿음은 '종교'에 의해 쫓겨난다. 신앙을 박해하는 자들만큼 냉혹하고 무자비한 자들도 없다. 세상의 증오는 그런 신앙인들에게 커다란 고통이 된다. "세상이 너희를 미워하면 너희보다 먼저 나를 미워한 줄을 알라 너희가 세상에 속하였으면 세상이 자기의 것을 사랑할 것이나 너희는 세상에 속한 자가 아니요 도리어 내가 너희를 세상에서 택하였기 때문에 세상이 너희를 미워하느니라"(요 15:18-19).

그러나 이런 박해가 어디서, 누구에게서 오든지 그것은 모두 우리를 정결케 하고 성숙시키기 위해 하나님이 허락하시는 것이다. 하나님의 백성들은 박해를 통해 정결해지고 온전해진다. 우리는 박해 아래서 끝까지 인내하여 그 과정을 통과하는 자들이 되어야 한다. 박해에 대항해 싸우거나 불평해서도 안 된다. 대신 사랑과 기쁨으로 박해를 참고 견뎌야 한다. 야고보는 다음과 같이 말했다. "내 형제들아 너희가 여러 가지 시험을 당하거든 온전히 기쁘게 여기라 이는 너희 믿음의 시련이 인내를 만들어 내는 줄 너희가 앎이라"(약 1:2-3).

이것은 하나의 과정이다. 바울도 시련에 대해 같은 관점으로 보라고 말한다. 그런 시련을 거치며 그리스도의 임재와 하나님의 영광을 경험하면서 천국이 더 확실하게 우리의 영적 시야에 들어오는 것이다. 어떤 구름도 그러한 시야를 가리지 못하고, 불멸의 소망은 더 분명해진다.

이뿐만 아니라 우리는 환난을 당하더라도 즐거워합니다. 그것은 환난이 인내를 낳고, 또 인내는 연단된 인품을 낳고, 연단된 인품은 소망을 낳는 것을 알기 때문입니다. (롬 5:3-4, 쉬운성경)

오히려 우리는 환난을 통해, 예수님을 믿음으로 말미암아 얻는 모든 거룩한 원리와 귀중한 결론들을 얻고, 향기로운 정서가 더욱 확장되는 것을 경험한다. 환난을 통해 인내가 더 깊어지고 성품이 더 달콤해지며, 힘 있게 된다. 우리의 경험은 더 견고해지고, 깊이 뿌리내리면서 변함 없고 요동치 않게 된다.

환난을 기쁨으로 여기라

"우리가 환난 중에도 즐거워하나니." 우리는 과연 그리하는가? 어려움을 당하더라도 기쁨을 유지하는가? 우리의 눈과 마음으로 보는 천국이 그런 기이한 일을 가능케 한다. 환난을 당하면 당할수록 우리의 천국 집은 광채가 나고 보석으로 장식된다. 또한 천국에 있는 방들이 더 크게 확장되고 천국 집의 아름다움과 가치는 더 많은 보석으로 꾸며진다.

다음 말씀에서 베드로는 평소의 "진실한 마음을 일깨워 생각나게 하는"(벧후 3:1 참조) 수준에서 더 나아가 환희와 비전과 찬송으로 가득 차서 외치고 있다.

> 우리 주 예수 그리스도의 아버지 하나님을 찬송하리로다 그의 많으신 긍휼대로 예수 그리스도를 죽은 자 가운데서 부활하게 하심으로 말미암아 우리를 거듭나게 하사 산 소망이 있게 하시며 썩지 않고 더럽지 않고 쇠하지 아니하는 유업을 잇게 하시나니 곧 너희를 위하여 하늘에 간직하신 것이라 너희는 말세에 나타내기로 예비하신 구원을 얻기 위하여 믿음으로 말미암아 하나님의 능력으로 보호하심을 받았느니라 그러므로 너희가 이제 여러 가지 시험으로 말미암아 잠깐 근심하게 되지 않을 수 없으나 오히려 크게 기뻐하는도다 너희 믿음의 확실함은 불로 연단하여도 없어질 금보다 더 귀하여 예수 그리스도께서 나타나실 때에 칭찬과 영광과 존귀를 얻게 할 것이니라 예수를 너희가 보지 못하였으나 사랑하는도

다 이제도 보지 못하나 믿고 말할 수 없는 영광스러운 즐거움으로 기뻐하니 (벧전 1:3-8).

시련은 정결하게 하고 정제하며 찬송과 존귀와 영광을 발하게 한다. 시련은 천국을 더 명확하고 더 가깝게 바라볼 수 있게 해준다. 그리고 믿음을 온전하게 하고 사랑을 순결하게 하며 기쁨을 더 크게 해주었다. 마침내 천국이 말할 수 없는 온전한 영광이 될 때까지 말이다.

당신이 천국에서 영광스러워하는 것처럼 환난을 만났을 때도 영광스럽게 여기라. 그것은 같은 마음에서 나오는 것이다. 크게 기뻐하라! "말할 수 없는 영광스러운 즐거움으로 기뻐하라!" 천국을 바라보며 기뻐하라. 연약함 속에서 영광스러워하라. 바울은 다음과 같이 말했다. "그러므로 내가 그리스도를 위하여 약한 것들과 능욕과 궁핍과 박해와 곤고를 기뻐하노니 이는 내가 약한 그 때에 강함이라" (고후 12:10).

산상수훈은 이 세상에서 선포되었지만, 천국에서 가장 크고 하늘에 걸맞는 기쁨으로 무한 확장된다.

의를 위하여 박해를 받은 자는 복이 있나니 천국이 그들의 것임이라 나로 말미암아 너희를 욕하고 박해하고 거짓으로 너희를 거슬러 모든 악한 말을 할 때에는 너희에게 복이 있나니 기뻐하고 즐거워하라 하늘에서 너희의 상이 큼이라 너희 전에 있던 선지자들도 이같이 박해하였느니라 (마 5:10-12).

바울의 말을 다시 들어보라. "그러므로 우리가 낙심하지 아니하노니 우리의 겉사람은 낡아지나 우리의 속사람은 날로 새로워지도다 우리가 잠시 받는 환난의 경한 것이 지극히 크고 영원한 영광의 중한 것을 우리에게 이루게 함이니 우리가 주목하는 것은 보이는 것이 아니요 보이지 않는 것이니 보이는 것은 잠깐이요 보이지 않는 것은 영원함이라" (고후 4:16-18).

바울이 어떻게 모든 고통과 핍박을 어려움으로 여기지 않고 그것에서 벗어날 수 있었는가? 바울은 그것을 "환난의 경한 것"으로 여겼다. 이 말은 무게가 가볍고 시간이 짧다는 뜻이다. 고난은 '영광의 중한 것'에 비하면 가볍다. 그리고 '영원한 영광의 중한 것'에 비하면 짧다. 이 고난들을 통해 높은 상을 받게 될 것이며 그 가치는 세상의 기준으로는 헤아릴 수가 없다. 그 고난들이 "지극히 크고 영원한 영광의 중한 것을 우리에게 이루게 하기 때문이다." 그리스도가 하신 다음의 말씀에 바울의 말을 덧붙이라. "기뻐하고 즐거워하라. 하늘에서 너희의 상이 큼이라"(마 5:12).

이런 시련들은 오직 "우리가 보이는 것이 아닌 보이지 않는 것에 주목할 때" 지극히 크고 영원한 상급을 이룬다. 그러므로 우리는 시선을 이 땅의 것들에서 돌려 하늘의 것들에 두어야 한다.

그 상은 확실하다. "지극히 크고 영원한 영광의 중한 것"이 우리에게 주어진다. 우리의 눈이 이 땅을 향하고 있을 때 시련은 우리의 마음 가장 깊은 곳을 뚫고 들어와, 우리가 그토록 소중하게 여겼던 것들이 그다지 매력 없다는 사실을 똑바로 보여준다.

바울은 현재 삶의 고난과 미래 삶의 영광을 비교했다. "생각하건대 현재의 고난은 장차 우리에게 나타날 영광과 비교할 수 없느니라"(롬 8:18). 구약의 성도들은 하늘의 것들을 높이 평가하고 이 땅의 것들을 낮게 평가했기 때문에 이 땅에서의 가난함을 오히려 천국의 부요함을 더 높이는 기회로 삼을 수 있었다. 그들은 "소유를 빼앗기는 것도 기쁘게 당한 것은 더 낫고 영구한 소유가 있는 줄 앎이라"(히 10:34).

베드로는 두 가지 생각을 결합시켰다. 즉 고난과 천국을 공통된 하나의 원리로 만든 것이다.

> 사랑하는 자들아 너희를 연단하려고 오는 불 시험을 이상한 일 당하는 것 같이 이상히 여기지 말고 오히려 너희가 그리스도의 고난에 참여하는 것으로 즐거워하라 이는 그의 영광을 나타내실 때에 너희로 즐거워하고 기뻐하게 하려 함이라 너희가 그리스도의 이름으로 치욕을 당하면 복 있는 자로다 영광의 영 곧 하나님의 영이 너희 위에 계심이라 (벧전 4:12-14).

다시 베드로는 악한 영에 대해 이야기하면서 성도들은 어디서나 동일한 고난을 겪고 있음을 선포했다.

근신하라 깨어라 너희 대적 마귀가 우는 사자 같이 두루 다니며 삼킬 자를 찾나니 너희는 믿음을 굳건하게 하여 그를 대적하라 이는 세상에 있는 너희 형제들도 동일한 고난을 당하는 줄을 앎이라 모든 은혜의 하나님 곧 그리스도 안에서 너희를 부르사 자기의 영원한 영광에 들어가게 하신 이가 잠깐 고난을 당한 너희를 친히 온전하게 하시며 굳건하게 하시며 강하게 하시며 터를 견고하게 하시리라 (벧전 5:8-10).

고난을 통해 천국에 합당한 사람으로 변화되어 간다

천국은 하나님의 '영원한 영광'으로 선포된다. 이 땅의 언어로는 이것을 제대로 표현할 길이 없다. 이 땅의 큰 영광도 비록 사라지긴 하나 무척이나 흡인력 있으며 강력한 열망을 어느 정도 만족시킬 수도 있다. 그러나 하나님의 영원한 영광에 대해선 무엇으로 측정할 수 있겠는가? 어떤 단어로 그것을 묘사할 수 있겠는가? 어떤 야망이 그것을 쟁취할 수 있겠는가?

그러나 우리는 하나님의 영광으로, 하나님의 '영원한 영광'으로 부르심을 받은 자들이다! 그리고 하나님의 영원한 영광은 우리가 잠시 고난을 받고 난 뒤에야 비로소 나타날 것이다. 오, 복된 고난이여! 오, 짧은 고난이여! 시련을 통해 우리가 이르게 되는 하나님의 영원한 영광과 비교할 때 우리가 겪는 지금의 시련은 얼마나 짧고 한계가 있는지!

고난은 자주, 악한 자들과 악한 영들이 가하는 핍박을 통해 온다. 그러나 결과에 대해선 하나님이 그 손 안에 붙들고 계신다. 어떤 것도 그분의 능력을 벗어날 수 없다. 어떤 것도 자녀들의 유익을 위한 그분의 통제와 다스림에서 벗어날 수 없다. 시련이 악한 영이나 악한 자들에게서 오는 것이든 선한 사람들의 실수를 통한 것이든 "우리가 알거니와 하나님을 사랑하는 자 곧 그의 뜻대로 부르심을 입은 자들에게는 모든 것이 합력하여 선을 이[룬다]"(롬 8:28). 핍박과 고난은 하나님의 택하심을 받은 신실한 자들이 영화롭게 될 때까지 계속해서 앞으로 나가게 하시는 그분의 손길을 결코 방해할 수 없다.

"그리스도 예수 안에서 경건하게 살고자 하는 자는 박해를 받으리라"(딤후 3:12). "세상에서는 너희가 환난을 당하나"(요 16:33). "우리가 주와 함께 죽었으면 또한 함께 살 것이요 참으면 또한 함께 왕 노릇 할 것이요"(딤후 2:11-12). 이것이 바로 그리스도를 닮아가는 삶의 원리다. 지금은 이교도나 가톨릭처럼 핍박하는 로마 권력 따윈 없다. 그처럼 사납고 잔혹한 날들은 지나갔다. 아마도 영원히 지나갔을지도 모른다. 그러나 사소한 핍박들은 여전히 계속되고 있다. 여전히 세상은 그리스도의 성도들을 미워한다. 그리고 세상적인 교회는 여전히 하나님의 백성들을 배척하고 반대한다.

아도니람 저드슨 박사는 미얀마에서 미국에 있는 친구에게 다음과 같은 편지를 썼다.

> 자네가 브레이너드의 말을 기억하도록 기도하고 있다네. 다른 일반적인 그리스도인들처럼 평범하게 사는 것으로 충분하다고 생각지 말게. 물론 그들은 자네를 외골수에 비판적인 사람이라고 비난할 걸세. 하지만 우리가 의무를 다하지 못하도록 막는 다른 사람들의 의견이 뭐 그리 중요하겠는가? 거룩한 사람 브레이너드가 한 또 다른 말을 기억하게. "시간은 단지 순간일 뿐이다. 인생은 한 방울의 수증기일 뿐이다. 인생의 모든 즐거움

은 단지 바람에 흩날려 사라지는 공허한 거품일 뿐이다."

저드슨 박사는 계속해서 이렇게 썼다. "자네에게 지금 만연되어 있는 진부하고 흔해빠진 종교심에 만족하며 쉬지 않기를 간절히 부탁하네."

우리는 현재의 흔해빠진 종교심을 뛰어넘어야 한다. 진정한 신앙은 세상의 화를 돋우고 반대를 일으키며 고통스런 핍박의 불을 당긴다. 일반적인 신앙심을 초월하지 않는다면 결코 진실하고 정직하게, 성공적으로 천국을 구하는 것이라 볼 수 없다.

사도 바울은 디모데에게 다음과 같이 권면했다. "의와 경건과 믿음과 사랑과 인내와 온유를 따르며 믿음의 선한 싸움을 싸우라. 영생을 취하라"(딤전 6:11-12). 여기에서 바울은 말씀에서 열거한 것들을 '따르는' 것과 '영생을 취하는' 것 사이에 어떤 핵심적인 관계가 있는지를 보여준다. 천국의 미덕을 취할 때에 천국을 얻을 수 있다. 천국을 구성하는 은혜를 열렬히 추구하라. 그것이 열정적으로 천국을 추구하고 상을 얻는 유일한 길이기 때문이다. 이런 은혜들을 성숙시키고 온전케 하는 것이 곧 천국을 준비하는 일이다.

현재의 모든 은혜는 우리를 성숙시키기 위한 은혜다

인내는 우리가 천국의 생명을 위해 훈련 받는 일에서 필요한 근본적이고 중요한 덕목 가운데 하나다. 바울은 로마서에서 다음과 같이 말했다. "참고 선을 행하여 영광과 존귀와 썩지 아니함을 구하는 자에게는 영생으로 하시고"(롬 2:7). 이 땅 위에 계시는 동안 예수님은 다음과 같이 말씀하셨다. "너희의 인내로 너희 영혼을 얻으리라"(눅 21:19).

인내는 '버티고 견디는 은혜'로 정의할 수 있다. 문자 그대로 그 자리에 머무르고 남아 있고 꾸준히 한결같은 모습을 지니는 것이다. 가장 큰 시련과 고난 속에서도 원래의 목적에서 벗어나지 않고 믿음과 신앙의 충실함에서 벗어나지 않는 자가 바로 인내하는 자다.

인내는 그리스도인의 성품에서 기본적인 덕목이다. 인내의 중요성은 아무리 강조해도 지나치지 않는다. 인내는 강하고 달콤하다. 힘의 기둥이며 아름다움의 장식이다. 인내는 고난 아래서도 굴복하지 않는다. 인내는 자기 절제다. 인내는 잘못된 것에 보복하지 않는다. 인내는 용감하며 비겁함과 낙담을 거부한다. 인내는 진노나 복수와 무관하다. 인내는 모든 상함과 피 흘림 속에서도 평온함과 달콤함을 지키는 은혜. 인내는 복음을 능력과 은혜로 요약한다. 인내는 "예수의 …… 나라와 참음"(계 1:9)이다.

인내는 시련 속에서 잉태되고 완성된다. 바울은 이렇게 말했다. "다만 이뿐 아니라 우리가 환난 중에도 즐거워하나니 이는 환난은 인내를 … 이루는 줄 앎이로다"(롬 5:3-4). 야고보서의 놀라운 권면의 말씀을 다시 살펴보자.

> 내 형제들아 너희가 여러 가지 시험을 당하거든 온전히 기쁘게 여기라 이는 너희 믿음의 시련이 인내를 만들어 내는 줄 너희가 앎이라 인내를 온전히 이루라 이는 너희로 온전하고 구비하여 조금도 부족함이 없게 하려 함이라 (약 1:2-4).

모든 시련을 기쁨으로 여기라. 단순히 체념하는 것이 아니라 기뻐하고 즐거워하라. 괴롭고 슬픈 마음이 어느 한 자리에도 깃들지 않게 하라. 시련이 찾아오면 그것을 기쁨으로 여기라. 그리고 그 결과를 보며 기뻐하라. 그것이 온전해지는 길이다. 현재의 모든 은혜는 우리를 성숙시키기 위한 은혜다. 시련은 온전함과 성숙함, 충만함을 가져다준다. 하나님은 우리의 성품을 온전케 하심으로써 우리의 열매를 충분히 익게 하신다. 성품은 시련을 통해 온전해진다.

천국을 얻기 위해 인내가 얼마나 필요한지에 대해서는 말할 필요도 없다. "너희에게 인내가 필요함은 너희가 하나님의 뜻을 행한 후에 약속하신 것을 받기 위함이라"(히 10:36). "인내로써 우리 앞에 당한 경주를 하며"(히 12:1).

욥은 인내를 보여주는 완벽한 예다. 많은 시련 속에서도 하나님께 등을 돌리지 않고 하나님을 붙잡았기 때문이다. "주신 이도 여호와시요 거두신 이도 여호와시오니 여호와의 이름이 찬송을 받으실지니이다"(욥 1:21).

결코 요동치 않고 불평하지 않으며 오히려 평온함과 달콤함 속에 거하며 인내할 때만 그런 말을 할 수 있다. "그분께서 나를 죽이실지라도 나는 그분을 신뢰할 것이요, 오직 나는 그분 앞에서 내 자신의 길들을 유지하리라"(욥 13:15,

흠정역). 인내하고 견디는 중에 이런 말이 나온다.

조급함은 전염성이 강한 죄다. 강한 사람들, 약한 사람들, 병든 사람들, 건강한 사람들, 나이든 사람들, 젊은 사람들 모두가 너나 할 것 없이 참지 못하고 조급해한다. 모든 사람이 우리의 인내를 시험한다. "모든 사람에게 오래 참으라"(살전 5:14). 이 명령은 우리에게 얼마나 합당한지! 인내는 열매를 맺는 데 본질적이다. 천국의 추수에 거두어질 준비가 되어 있는 사람들은 "말씀을 듣고 지키어 인내로 결실하는"(눅 8:15) 자다. 이 은혜는 느리고 더디며 늘 기다리는 것처럼 보인다.

그리스도인의 인내는 매우 조용하고 자주 침묵해야 하는 것이기는 하지만 결코 게으른 일은 아니다. 그리스도인의 인내는 "게으르지 아니하고 믿음과 오래 참음으로 말미암아 약속들을 기업으로 받는 자들을 본받는 자 되게 하려는"(히 6:12) 것이다. 천국은 인내하는 영혼을 위한 것이다. 인내하는 자들은 이미 천국을 소유하고 있다. 과연 이 인내가 우리를 사로잡고 있는가?

주님과 함께 세상에서 고난 받는

우리는 언젠가 그분 앞에 서게 되리라.

그분 옆에 앉게 될 것이라.

인내하는 믿음에 상은 보장되어 있나니,

끝까지 견디는 모든 자가

십자가가 면류관을 얻게 된다네.

세 배의 복이로다! 지복으로 충만한 소망이로다!

그것이 힘없는 영혼을 얼마나 높이 들어 올리는지!

죽은 자를 생명으로 이끄는도다.

세상에서 우리의 싸움은 곧 끝나리니

당신과 나는 마침내 하늘로 올라가게 될 것이라.

그리고 우리의 머리되시는 주님과 함께 승리의 찬가를 부르리라.

_찰스 웨슬리

천국은 거대한 크기로 인해 나라로 불린다.

그리고 큰 아름다움과 많은 인구로 인해 도성으로 불린다.

천국은 열방에서 온 거민들로 가득하다.

그곳에는 많은 천사가 있다.

또한 아벨의 죽음 이후로 죽어간 무한히 많은 의로운 자가 있다.

세상 끝날까지 그리스도 안에서 죽을 자들이

모두 그곳으로 모여들게 될 것이다.

그런 자들과 사는 것이 얼마나 복된 일이겠는가!

제레미 테일러(Jeremy Taylor)

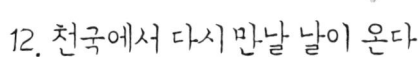

12. 천국에서 다시 만날 날이 온다

 우리는 지금 천국에 대한 단순한 사실을 알아보는 것이 아니라 그리스도인이 누리는 천국이라는 은혜, 그 소망에 대해 다루려고 한다.

 단순한 사실을 믿는 것으로는 착각에 빠지기 쉽다. 사실이 원리로써 견고히 다듬어지지 않는다면 무익할 뿐 아니라 우리를 망상에 빠지게 한다. 복음의 역사적 사실들이 성령이 주시는 감미로운 은혜들을 비옥하게 하지 않는다면 그 사실들은 이미 죽었고, 또 죽어가는 것이다. 영혼을 죽이는 것일 뿐이다. 복음의 이런 사실들이 역사의 장에서 존재할 때, 비록 그 장들이 영감으로 이루어졌다 해도, 그것이 우리의 체험 속으로 들어와 영적인 삶의 살과 피를 이루지 못한다면 그것은 우리를 구원하지 못한다. 우리는 물론 천국에 대한 사실들을 믿어야 한다. 사실들 속의 천국은 가장 영광스럽고 영원한 모습으로 존재한다. 그러나 천국에 대한 이런 사실들이 우리의 체험 속으로 들어오기도 해야 한다. 이 체험에서 소망이 태어나기 때문이다. 아름다움과 지성, 선함 속에서 믿음과 소망은 함께 태어난다.

천국 소망이 우리 삶에 미치는 놀라운 힘

소망은 강력한 영적 원리다. 그 강력함이 너무나 커서, 사도 바울은 구원의 모든 힘의 중심을 소망에 둘 정도였다. "우리가 소망으로 구원을 얻었으매"(롬 8:24). 소망을 통해 구원의 모든 강력한 힘이 작동하기 시작한다. 이런 힘들은 소망이 없다면 약해지고 힘을 잃게 된다. 천국은 깊고 지각 있는 모든 신앙 원리를 북돋아준다. 그리스도인은 천국을 온전히 바라볼 때 가장 잘 일할 수 있다. 그때 고난을 가장 잘 견뎌내며 가장 잘 성장할 수 있다. 소망에 성숙함과 부요함, 능력을 주는 것이 바로 천국이다. 오직 소망에서 나오는 모든 열렬함과 밝음으로 천국을 추구하는 성도만이 진정으로 구원을 얻는다. 의심과 두려움은 참된 구원 앞에서 멀리 사라진다.

천국의 소망은 금세 소멸될 모든 거짓 소망과 잘 구분된다. 바로 인내가 그 일을 한다. 소망은 기다릴 수 있다. 소망은 그 밝음을 조금도 잃지 않는다. 소망은 평온함과 감미로움 속에서 기다릴 수 있다. 불평하거나 걱정하지 않고 기다릴 수 있다. 소망에 광채와 감미로움을 더해주는 것이 바로 "소망의 인내"(살전 1:3)다. "만일 우리가 보지 못하는 것을 바라면 참음으로 기다릴지니라"(롬 8:25).

소망은 영원한 위로와 결합되어 선한 소망$^{\text{good hope}}$으로 불린다. 영원한 위로 속에서 지속적이고 변함없는 기쁨의 원천을 가져오는 이러한 소망보다 더 좋은 것이 과연 무엇이란 말인가?

소망은 또한 산 소망이라고 불린다(벧전 1:3 참조). 이 본문에서 베드로는 참된 불멸의 소망이 어떻게 죽은 소망들의 무덤에서 나와서 예수 그리스도의 부활을 통해 생기를 얻고 불멸하게 됐는지 말한다. 주님은 죽은 자 가운데서 살아나사 "썩지 않고 더럽지 않고 쇠하지 아니하는 유업을" (벧전 1:4) 이으신 분이다. 우리의 소망 안에는 예수 그리스도의 불멸의 생명이 들어 있다. 그것은 복되고 행복한 소망이라고 불린다. 소망 안에는 지복과 함께, 기쁨을 가져오는 특징들이 있다. 소망은 우리를 행복하고 안전하게 한다.

그리스도인의 참된 소망은 오직 마음의 눈을 통해서만 볼 수 있다. 성경은 다음과 같이 말한다. "너희 마음의 눈을 밝히사 그의 부르심의 소망이 무엇인지 …… 알게 하시기를 구하노라"(엡 1:18-19). 우리의 육적인 눈과 이 땅의 빛은 우리에게 '부르심'이 무엇인지 보여주지 못한다. 또한 우리의 육적인 눈은 소망의 양식이 되는 "그 기업의 영광의 풍성함"을 볼 수 없다.

소망은 비록 삶의 고통을 통해 꽃 피기는 하지만 가장 온유하고 다정한 은혜로써 이루어진다. 소망은 두려움과 온유함을 결합시킨다. 소망은 교만하지 않고 무례하지도 않으며 자기를 주장하지도 않는다. 소망은 온유하고 삼가며 공손하다. 소망은 매우 인내심 많은 은혜다. 소망은 기쁨의 열매가 우리를 불만과 낙담, 연약함에서 구원할 때까지 충분히 기다리게 한다. 소망 중에 우리는 끝까지 견디고 붙잡으며 한결같고 강하다.

그리스도인 삶의 3원색 : 믿음, 소망, 사랑

소망은 그리스도인의 성품이 지닌 세 가지 위대한 요소 중 하나다. 소망은 믿음 및 사랑과 연합하여 그리스도인을 온전케 하고 명성을 세워주며 감사하는 마음을 일깨운다.

우리는 여러분 모두를 두고 언제나 하나님께 감사를 드립니다. 우리는 기도할 때에 여러분을 기억하고 있습니다. 또 우리는 하나님 우리 아버지 앞에서 여러분의 믿음의 행위와 사랑의 수고와 우리 주 예수 그리스도께 둔 소망을 굳게 지키는 인내를 언제나 기억하고 있습니다. (살전 1:2-3, 새번역)

믿음이 능동적인 행위들 속에서 스스로를 드러낸다면 사랑은 헌신적인 수고 속에서 자신을 보여준다. 소망은 인내하는 기다림을 통해 다른 은혜들과 하나로 연결되어 있음을 드러내며 모든 것을 밝히고 모든 것을 감당한다. 소망의 밝은 인내는 믿음을 강력하게 유지시킨다. 또한 사랑은 소망과 믿음에 흔들리지 않는 강한 용기를 준다. 믿음, 소망, 사랑, 이 세 가지는 그리스도인의 삶에서 서로 불가분의 관계로 연합되어 있다.

"그런즉 믿음, 소망, 사랑 이 세 가지는 항상 있을 것인데 그 중의 제일은 사랑이라"(고전 13:13). 믿음은 구원 속에서 하나님의 은혜와 조화를 이룬다. 사랑은 그리스도인의 삶에 생기를 주는 마음이다. 소망은 미래가 주님과 그분의 백성들에게 속한 것임을 인정한다. 하나님나라 즉 과거와 현재, 미래는 그렇게 믿음과 사랑과 소망 속에서 반영된다.

그리스도가 계시기에 우리에게 소망이 있다

소망이 얼마나 철저히 복음을 적시고 있는지! 이것은 그리스도인의 성품에 있어 본질적인 부분이다! 신약의 많은 부분은 그리스도인의 투쟁에 소망이 얼마나 필요한지를 잘 보여준다.

우리 구주 하나님과 우리의 소망이신 그리스도 예수의 명령
을 따라 그리스도 예수의 사도 된 바울은 (딤전 1:1).

이 본문에서 우리의 소망은 온전히 주 예수 그리스도께
있다. 예수님이 우리의 소망이시다. 우리는 그분에게 매달
리고, 모든 것의 중심은 그분 안에 있다.

영광스런 그리스도와 영광스런 천국, 영광스럽고 영원
한 장래에 대한 소망은 인간의 본성에서 나온 산물이나 인
간의 즐거운 마음에서 나온 부산물이 아니라 바로 영적인
선물이다.

> 소망의 하나님이 모든 기쁨과 평강을 믿음 안에서 너희에게
> 충만하게 하사 성령의 능력으로 소망이 넘치게 하시기를 원
> 하노라 (롬 15:13).

소망의 근원은 하나님께 있으며, 오직 그 안에서만 존재
한다. 믿음을 기초로 한 소망은 영혼을 기쁨과 평강으로 넘
치게 한다. 소망은 우리 안에서 역사하시는 성령님의 임재

를 통해 증가한다. 소망은 우리가 하나님의 모든 충만함으로 충만케 될수록 점점 더 많이 넘쳐난다.

바울은 구원의 전체 계획과 그 비밀과 부요함의 영광을 다음과 같이 요약했다. "너희 안에 계신 그리스도시니 곧 영광의 소망이니라"(골 1:27). 그리스도가 계신 곳에서는 소망이 충만하게 넘치며 샘솟는다. 그러나 그리스도 밖에 있는 것은 모두 황폐함과 죽음과 절망뿐이다.

천국의 소망은 단순한 감정이 아니다. 그것은 덧없고 일시적이지 않으며 영원히 지속하고 강하다. 천국의 소망은 한결같이 찬란한 빛으로 타오른다. 그것은 우연히 나온 부산물이나 부속물이 아니다. 천국의 소망은 단순한 종교적 삶에서 파생된 부수적인 것이 아니라 핵심석이고 근본적이며 본질적인 것이다. 천국의 소망은 우리 삶의 본질적인 원리이며, 사활을 좌우하는 경건함에 속한다. 그것은 영혼의 지성소 안에 거하며, 영혼의 내적 성소의 대제사장과 같다. 천국의 소망은 주 하나님을 거룩하게 하며 그분이 거하시는 곳에 거한다.

너희 마음에 그리스도를 주로 삼아 거룩하게 하고 너희 속에 있는 소망에 관한 이유를 묻는 자에게는 대답할 것을 항상 준비하되 온유와 두려움으로 하고 (벧전 3:15).

이 땅에서 깨어지고 놓쳐버린 사랑과 우정은 그곳에서 다시 결합되어 더 깊고 순전한 기쁨이 솟아나온다. 우리는 친구들을 보게 될 것이고 더 강하고 신성한 연합과 유대감 속에서 그들과 다시 교제하게 될 것이다. 우리가 이 땅에서 눈물과 수고 속에서 그들과 함께 수고했기 때문이다. 천국 사회는 강력하고 눈에 띄는 방식으로 우리에게 그 모습을 보인다. 그곳에는 이기적이고 배타적인 모임이나 단체도 없다. 오직 더 넓은 세계에서, 더 친밀한 자들이 더 친밀한 교제를 누릴 것이다. 바울은 죽은 이들에 대한 우리의 슬픔을 다음의 말로 위로한다.

형제들아 자는 자들에 관하여는 너희가 알지 못함을 우리가 원하지 아니하노니 이는 소망 없는 다른 이와 같이 슬퍼하지 않게 하려 함이라 우리가 예수께서 죽으셨다가 다시 살아나심을 믿을진대 이와 같이 예수 안에서 자는 자들도 하나님이 그와 함께 데리고 오시리라 …… 주께서 호령과 천사장의 소리와 하나님의 나팔 소리로 친히 하늘로부터 강림하시리니 그리스도 안에서 죽은 자들이 먼저 일어나고 그 후에 우리 살아남은 자들도 그들과 함께 구름 속으로 끌어 올려 공중에서 주를 영접하게 하시리니 그리하여 우리가 항상 주와 함께 있으리라 그러므로 이러한 말로 서로 위로하라 (살전 4:13-14, 16-18).

사랑하는 이들이 우리 곁을 떠났을 때 우리는 그들의 무덤 앞에서 절망의 눈물을 흘리지 말아야 한다. 왜 그런가? 우리에게 소망이 있기 때문이다. 그들을 다시 만날 것이고 그들과 함께 주님을 만날 것이며 주님과 함께 영원히 거하고 그들과 영원히 함께 살 것이라는 소망이 우리에게 있다. "그러므로 이러한 말로 서로 위로하라." 우리는 그들을 다시 보게 될 것이다. 그들을 다시 알게 될 것이다. 영원히 그들과 함께 있게 될 것이다. 그것이 바로 사도가 우리에게 준 위로의 핵심이다. 하나님의 위로는 이 땅에서도 우리를 죽음을 이기는 승리자로 만들고 죽음에서 쏘는 것을 제거해준다. 우리의 눈에서 눈물을 닦아주고, 우리 마음에 시들지 않는 소망의 화환을 씌워준다.

천국의 많은 것들이 우리를 잡아끈다. 그 모든 매력으로 이 땅의 헛되고 사라져 버릴 것들로부터 우리 마음을 돌이켜야 한다. 무엇보다도 먼저 천국에는 우리의 대제사장이신 예수님이 계신다. 천국의 해이자 중심으로 그곳에 계신다. 또한 천국에는 땅을 바라지 않게 하는 것들이 너무나 많다. 그곳에는 질병과 슬픔, 고통과 죽음, 결핍과 불안, 실망이 없다. 그러나 이 모든 영광스런 것에 덧붙여서 우리의 마음을 강력한 자석처럼 천국으로 이끄는 것이 있다. 바로 앞서 이 세상을 떠난 사랑하는 자들과의 영광스런 재회에 대한 복된 소망이다.

바울은 이 즐거운 기대에 대해 암시를 주었고, 요한도 "열린 하늘 문"(계 4:1 참고)을 통해 그가 본 것들을 우리에게 보여주었다. 그곳에는 하나님, 예수 그리스도, 하나님의 어린양, 천사들, 그리고 "어린 양의 피에 그 옷을 씻어 희게 한"(계 7:14) 자들이 있다.

마지막으로 언급된 자들에 대해 잠시 생각해보라. 삶을 뒤돌아보면서, 사랑했지만 결별했거나 다시는 볼 수 없었던 이들, 그러나 지금은 "하나님의 보좌 앞에"(15) 있는 얼굴을 떠올려보라. 그중에는 아마도 당신의 가족들도 포함되어 있을 것이다. 늘 슬픔과 그리움에 사무치게 했던 이들이 그 속에 있다. 그들은 이제 "몸을 떠나 주와 함께"(고후 5:8) 있다.

특히 "하나님의 보좌 앞에", 하나님의 임재 안에, 그들의 구속자와의 무한한 교제 안에서 살아간다. 그들은 "밤낮 하나님을 섬기는"(계 7:15) 천국에 있다. 그들은 천국 도성의 담 너머로 우리를 바라본다. 우리가 천국을 바라보고 있을 때 그들도 우리를 본다. 그리고 천국을 향한 여정 속에 있는 우리를 향해 손짓하고 있다.

우리가 다시 그들을 보게 될까? 그렇다! 우리가 환난 속에서도 신실함을 지킨다면, 우리의 옷이 어린양의 피로 씻어졌다면 말이다.

우리가 빛과 자유, 기쁨이 충만한 그 나라에서, 눈에 보이지 않는 그 나라에서 그들을 알아볼 수 있을까? 분명히 그렇다! 모세와 엘리야를 변화산에서 사람들이 알아볼 수 있었다면, 사람들이 자신에게 돌을 던지고 있을 때 스데반이 주님을 알아보았다면, 부자가 지옥에서 저 멀리 천국에 있는 나사로와 아브라함을 알아보았다면 우리가 그 나라에서 서로를 알아보게 될 것이라는 것은 의심할 여지가 없다. 우리가 각자의 도덕적인 존재 전체 안에서 자기만의 특별한 기질과 특질을 갖고 있을 것이기 때문이다.

천국에서는 주님이 "그들의 눈에서 모든 눈물을 닦아 주실 것이니, 다시는 죽음이 없고, 슬픔도 울부짖음도 고통도 없을 것이다. 이전 것들이 다 사라져 버렸기 때문이다"(계 21:4 참조).

오, 우리 곁을 떠난 성도들과 영광스런 세상에서 기쁨의 재회를 나누게 된다는 것이 얼마나 복된 소망인가! 그곳으로 향하는 길을 바라볼 때 그들의 모습이 우리의 마음을 얼마나 놀랍도록 사로잡겠는가!

그것이 얼마나 영광스런 광경인가! 예수 그리스도와 천국에서 만나 교제하는 것이 거룩한 성도인 사도 바울에게 얼마나 놀라운 황홀함을 주었는가!

예수 그리스도가 이 세상 삶 속에서도 인간에게 주어질 수 있는 가장 큰 보물이고 가장 심오한 기쁨이며 가장 은혜로운 영향력이라는 은혜로운 진리를 보여주는 예들은 헤아릴 수 없이 많다.

이 땅에서 어떤 것이 이런 기쁨을 줄 수 있겠는가? 죽음은 우리에게서 모든 기쁨의 면류관을 앗아간다. 그러나 이 기쁨만은 결코 빼앗아갈 수 없다! 황금과 명성, 영예와 권력, 이 땅의 성공은 모두 죽음이 임하면 침묵한다. 죽음은 우리에게서 모든 것을 앗아가고 우리를 모든 것과 분리시킨다! 그러나 오직 예수 그리스도는 죽음을 이기는 승리를 우리에게 주실 수 있다. 그분은 죽음의 열쇠를 쥐고 계시다. 예수 그리스도 안에 있는 기쁨은 죽음의 입김에도 결코 시들지 않는다.

오라. 우리의 여행길을 새롭게 가자.

생기를 가득 머금자.

하늘에 있는 우리의 영원한 곳으로 계속해서 나아가자.

이 땅에서 방황하고 있지만 하늘에서 난 자들이여,

이 땅은 우리의 집이 아니다.

오직 나그네와 순례자라고 고백하자.

예수님의 부르심에 우리는 모든 것을 포기했다.

여전히 우리는 그것들을 버리며 살아간다.

예수님을 위해 아래 세상에 있는 우리의 모든 즐거움을 버렸다.

이제 뒤안길로 남은 이 나라에 어떤 미련도 없도다.

여전히 우리는 앞으로 전진하면서

위에 있는 그 나라를 구하며 살아가는도다.

_찰스 웨슬리

옮긴이 **송용자**

기독교 영적 거장들의 발자취와 양서들을 대할 때마다 언제나 즐겁고 기쁜, 행복한 번역자다. 서울대 영문학과를 졸업했으며 필리핀에서 선교훈련을 받기도 했다. 호라티우스 보나르의 《내게는 영원한 의가 있다》, J. C. 라일의 《18세기 영국의 영적 거성들》, 조나단 에드워즈의 《데이비드 브레이너드의 생애와 일기》, 프랭크 루바크의 《세상에서 가장 강력한 힘, 기도》 등을 옮겼다.

천국 즐겨찾기

초판 1쇄 펴낸 날 2011년 1월 28일

지은이 E. M. 바운즈
옮긴이 송용자
펴낸이 우수명
펴낸곳 도서출판 NCD

등록번호 제 129-81-80357호
등록일자 2005년 1월 12일
등록처 경기도 고양시 일산구 장항동 578-16 나동

도서출판 NCD
주소 | 서울시 강남구 대치동 943-13 윤천빌딩 3층
주문 | 영업부 | (일산) 031-905-0434, 0436 팩스 031-905-7092
본사 | 편집부 | (강남) 02-538-0409, 3959 팩스 02-566-7754
한국 NCD | 지원·코칭 | 02-565-7767 팩스 02-566-7754
NCD몰 | www.ncdmall.com

ISBN 978-89-5788-152-1

- 책값은 뒤표지에 있습니다.
- 잘못된 책은 구입하신 서점에서 교환해 드립니다.
- 책 내용에 대한 문의나 출간을 의뢰하실 원고는 editor@asiacoach.co.kr로 메일을 보내주십시오.

종이 시그마페이퍼 **출력** 대산아트컴 **인쇄** 보광문화사 **제책** 국일문화사